本書係全國高等院校古籍整理研究工作委員會直接資助項目（批准號：1842）成果

中國史學基本典籍叢刊

宋代官箴書五種

〔宋〕李元弼等 撰
閆建飛等 點校

中華書局

圖書在版編目(CIP)數據

宋代官箴書五種/(宋)李元弼等撰;閆建飛等點校. —
北京:中華書局,2019.4(2025.4 重印)
(中國史學基本典籍叢刊)
ISBN 978-7-101-13830-6

Ⅰ.宋… Ⅱ.①李…②閆… Ⅲ.政治-謀略-彙編-
中國-宋代 Ⅳ.D691

中國版本圖書館 CIP 數據核字(2019)第 054603 號

責任編輯:陳若一
封面設計:周　玉
責任印製:陳麗娜

中國史學基本典籍叢刊
宋代官箴書五種
〔宋〕李元弼等 撰
閆建飛等 點校

*

中 華 書 局 出 版 發 行
(北京市豐臺區太平橋西里 38 號 100073)
http://www.zhbc.com.cn
E-mail:zhbc@zhbc.com.cn
北京新華印刷有限公司印刷

*

850×1168 毫米 1/32 · 10⅜印張 · 2 插頁 · 200 千字
2019 年 4 月第 1 版　2025 年 4 月第 4 次印刷
印數:6001-7000 册　定價:52.00 元

ISBN 978-7-101-13830-6

目録

官箴

州縣提綱

晝簾緒論

百官箴

整理弁言

「箴」者，「綴衣箴也」〔一〕，即縫衣針。古人以針治病，由此引申出規誡之意。箴作爲一種文體，三代時期就已出現。左傳有言：「昔周辛甲之爲大史也，命百官，官箴王闕。」〔二〕辛甲所作百官之箴，根據百官職任提出不同的任官準則，成爲後世官箴書之濫觴。其中虞人之箴依舊傳世，見左傳襄公四年。

不過先秦箴文大多只存隻言片語，目前保留下來最早的相對完整的官箴文始見於秦漢時期。睡虎地、嶽麓秦簡中所存爲吏之道、爲吏治官及黔首，以及尚未全部公佈的王家臺秦簡中的政事之常、北大秦簡從政之經等，均討論到官員如何爲官之事〔三〕，其思想意涵與後世官箴書已頗爲相似。楊雄、崔駰、胡廣等人所作百官箴，則是傳世最早的官箴書。到了宋代，官箴書開始不斷出現，體例也基本定型。

史籍中所見宋代官箴書頗多，但保留下來的只有五種，即此次整理的李元弼作邑自箴、呂本中官箴、胡太初晝簾緒論、許月卿百官箴以及不著撰人的州縣提綱。此外，明成化十二年（一四七六），莆田人彭韶「採掇朱子語類中論政之語」編爲朱文公政訓一卷，又取「真德秀西山集中所載帥長沙及知泉州日告諭官僚之文」編爲西山政訓一卷〔四〕。因二書爲明人所編，内容又見於他書，並無單獨整理的必要，故此次整理不包括二書。五種官箴書的作者及版本情況詳見各書點校説明，兹不重複。今就宋代官箴書的主要内容及史料價值略作説明。

作爲當時的「幹部讀本」，官箴書主要是爲了向新任或候補地方官傳授爲政之道和治理之術，因此素有「牧民寶鑒」、「宦海指南」之稱，其内容主要包括官員的職業道德和從政經驗兩個方面。

在古代人治的情況下，官員個人的職業道德與地方治理的成效有十分密切的關係，因此歷代都十分重視官員的職業道德，且重視程度甚至在從政經驗之上。宋代官箴書亦是如此。作邑自箴要求官員必須先正己才能治家、處事，强調官員必須「謙、和、廉、謹、勤」；州縣提綱要求官員潔己、平心、專勤等；官箴篇首明確指出：「當官之法，唯有三事：曰清，曰慎，曰勤。」清、慎、勤這一對官員職業道德的概括，得到了後人的高度認可。清康熙皇帝「嘗御書清、慎、勤三大字刻石，賜内外諸臣」（文淵閣本官箴書前提要），更使其成爲對官員職業道德的基本要求。

對於歷史研究而言，官箴書中有關官員從政經驗的内容更值得重視，其中記載了大量有關地方政治、經濟、法律、社會、風俗等方面的第一手材料，對於相關研究有重要意義。

錢穀和刑獄是州縣兩項最基本的事務，宋代官箴書中也以這兩方面内容記載最爲豐富。就錢穀而言，官箴書主要記載縣官如何進行催科，尤以晝簾緒論所述最爲全面。催科篇指出催科容易導致官民兩弊，其緣由在於「鄉胥走弄，簿籍漫漶」，即胥吏弄奸，簿書記載有闕。要想「去官之病」，其道有三：重新核實縣境民户産業，按照户等由高到低催徵，妥善保管催徵來的錢物。要想「去民之病」，其道亦有三：按照户等差甲首，民户納税後及時銷豁，不可妄攤。此外，催科中應如何防範胥吏爲奸、如何設置期限，官箴書中都有詳略不同的記載。這爲我們瞭解宋代地方財賦徵收方式提供了寶貴資料。

與錢穀相比，官箴書中對刑獄方面的記載更爲詳實。晝簾緒論治獄篇總結道，治獄之法有七：「一曰禁繫必審，二曰鞫視必親，三曰墻壁必完，四曰飢寒必究，五曰疾病必察，六曰疑似必辨，七曰出入必防。」指出縣官應謹慎拘人，親自審訊犯人，保障監獄安全，照顧好犯人衣食起居，認真調查取證，有疑必究，對治獄的總結相當全面。州縣提綱則有三分之一的内容直接討論刑獄問題，涉及報案、審訊、用刑、監獄管理等各方面内容。此外，其他官箴書也提供了不少刑獄方面的信息，如作邑自箴對刑具及如何用刑的記載頗爲詳細。這爲我們瞭解宋代縣官如何處理刑獄事務提供了十分寶貴的材料。

差役是縣官日常行政中非常重要的一部分。一方面官箴書作者認識到差役給百姓帶來的深重苦難，指出：「有身斯有役，而民之畏役，甚於畏死。蓋百年治生，壞於一年之充役。」（晝簾緒論差役篇）另一方面差役對於維持地方行政運轉又不可或缺。因此，對縣官而言，差役之時需要儘量公平公正，努力在減輕百姓負擔與維持地方行政運行之間尋求平衡。官箴書記載的不少差役經驗，如禁擾役人、遵循舊例、酌中差役、不禁止募役、預先差役等，其着眼點均在於此。

如何應對胥吏爲奸，是不同官箴書的共同話題。北朝後期至隋唐，胥吏的形象逐漸負面化，被視爲官、民的對立面，成爲官員必須嚴格控制和小心防範的惡勢力〔五〕。到了宋代尤其是南宋時期，對胥吏的批評更爲嚴重。宋代官箴書中胥吏的形象頗爲不佳，他們收受賄賂，强索民財，左右縣政，侵侮長官，踐踏犯人。兩宋時期如蔡居厚、梁燾、孫升、賈易、洪擬、李椿年乃至宋高宗均指出宋代行政中存在「吏强官弱」的問題〔六〕，陸九淵、葉適甚至將地方行政稱爲「公人世界」〔七〕。這種情況根本上是由於官、吏之間的專業技能和信息不對稱導致的。正如紹興五年（一一三五）五月幹辦諸司審計司李椿年所言：

所謂吏强官弱者，非吏撓權之罪，官不知法之罪也。明乎法，則曲直輕重在我而已，吏豈得而欺乎？〔八〕

由於州縣官員大多兩三歲一遷，而胥吏多爲本地人，長期任職，乃至世代承襲，即葉適所謂「官無封建而吏有封建」〔九〕，導致官員不論在本地情況的掌控還是文書行政上，都嚴重依賴胥吏。這是「吏緣爲奸」的主要原因。不過，「吏緣爲奸」的原因並不止於此。胡太初指出：

（縣吏）其來也，無名額之限；其役也，無廩給之資。一人奉公，百指待哺，此猶可也。縣官日用，則欲其買辦燈燭柴薪之屬；縣官生辰，則欲其置備星香圖綵之類。士夫經從，假寓館舍，則輪次排辦；臺郡文移，專人追逮，則裒金遣發。其他貪黷之令，誅求科罰，何可勝紀？（晝簾緒論御吏篇）

州縣提綱亦有類似看法：

夫富者不爲吏，而爲吏者皆貧。仰事俯育，喪葬嫁娶，凡欲資其生者，與吾同耳，亡請給於公，悉藉贓以爲衣食。士大夫受君之命，食君之禄，尚或亡厭而竊於公，取於民；私家色色勒吏出備，乃反以彼爲貪爲頑，何耶？（州縣提綱卷一責吏須自反）

可見官箴書作者們認識到，縣吏之貪索，一是因爲縣吏無俸禄收入，不貪不足以養家；二是縣官日常需索過多，縣吏不得不向百姓斂財。這兩個問題不解決，胥吏爲奸的問題就不可能根治。官箴書作者們對於解決吏俸問題無能爲力，只好一厢情願地希望縣官自身清正廉潔，減少對吏的需索，同時嚴責胥吏。這實際上提示我們，不改善吏員的經濟狀況，胥吏爲奸的問題就不可能得到解決。

近年來，文書行政和信息渠道是宋史學界關注的重要議題。宋代官箴書中保留了不少相關材料，尤以作邑自箴爲多，其内容可分爲信息搜集和文書行政兩個方面。信息搜集方面，詳畫地圖和鄉分圖子、製作翔實户籍，是官箴書作者十分强調的内容，對於縣官全面掌握本縣情况有重要價值。李元弼甚至建議製作分層設色地形圖，以便檢查水旱災害。關於文書行政的記載可以縣衙爲界，分爲對外辦公和對内辦公兩部分。對外辦公以行政文書的上傳下達爲核心；對内辦公主要涉及利用文書加强對吏員、監獄、錢物收納等的管理，以及文書自身的保管。此外，作邑自箴記載了五等丁産簿的製作方法以及書鋪的管理制度，是討論相關問題時必須徵引的關鍵材料，史料價值很高。

與作邑自箴、官箴、州縣提綱、晝簾緒論偏於縣政不同，百官箴呈現的是南宋中後期整個官僚系統的基本情況。該書仿辛甲百官箴與楊雄官箴，以四字箴文的形式，描述了左右丞相以下省、臺、寺、監等中央機構和監司、帥、守等地方機構官員的職掌及變化等，不少地方論及南宋在財政方面的困境及其緣由。行文中，作者常常寓以褒貶，抒發評論，對於我們理解南宋官制等頗有幫助。

可以看出，宋代官箴書中包含了豐富而重要的歷史信息，對於我們進行歷史文化研究有重要價值。

本書整理工作大致依據以下體例進行：

一、官箴書所引之文皆核對原書，引述文字有别而語義無誤者，不改不出校；引述有誤者，酌情改正並出校記。

二、避諱字中，宋諱除對文意影響較大者予以回改，一般僅出校不改；版本流傳中產生的明清避諱字回改並出校記。

此外，爲方便讀者全面瞭解宋代官箴書的相關信息，我們在每種官箴書後均附有諸家題跋，作者傳記、行狀等存世者，亦一併附之。

本書整理成於衆手，具體分工爲：作邑自箴，張亦冰整理，閆建飛覆校；官箴，閆建飛整理並覆校；州縣提綱，張亦冰整理，閆建飛覆校；晝簾緒論，閆建飛整理並覆校；百官箴，楊光、何天白整理，曹傑覆校。全書最後由閆建飛統稿。曹傑、楊光、何天白均爲北京大學歷史學系博士生，張亦冰爲中國人民大學歷史學院講師，閆建飛爲湖南大學嶽麓書院助理教授。

版本調查過程中，蒙西北大學歷史學院胡坤先生代爲查閱臺北「國圖」所藏作邑自箴鈔本一種；整理過程中，參考了李立先生整理的作邑自箴、官箴、州縣提綱、晝簾緒論（見張希清、王秀梅主編官典，吉林人民出版社，一九九八年）以及肖建新先生整理的百官箴校注（安徽師範大學出版社，二〇一五年），在此併致謝忱。最後，特別感謝北京大學中國古代史研究中心鄧小南教授，她在百忙之中審閱了全文，提出了不少修改意見，使點校質量得到了較大提升。感謝中華書局編輯陳若一女士，她的耐心細緻，爲整理工作的完善提供了保障。

限於整理者的學識與經驗，本書一定存在不少疏漏與錯誤，懇請讀者多多批評指正。

整理者

二〇一八年一月

注　釋

〔一〕許慎撰、段玉裁注説文解字注卷九，上海古籍出版社，一九八一年，頁一九六下。

〔二〕杜預春秋左傳集解襄公四年，上海人民出版社，一九七七年，頁八一八。

〔三〕侯旭東寵：信—任型君臣關係與西漢歷史的展開，北京師範大學出版社，二〇一八年，頁二〇八至二〇九。

〔四〕永瑢等四庫全書總目卷一三一子部雜家類存目八政訓，中華書局影印浙江書局本，一九六五年，頁一一一九上。

〔五〕葉煒南北朝隋唐官吏分途研究，北京大學出版社，二〇〇九年，頁二一八。

〔六〕宋史卷三五六蔡居厚傳，中華書局，一九八五年，頁一一二一〇。李燾續資治通鑑長編卷四四〇，元祐五年三月，中華書局，二〇〇四年，頁一〇五九〇、一〇五九三。李心傳撰、胡坤點校建炎以來繫年要録，中華書局，二〇一三年，卷六〇，紹興二年十一月庚午條，頁一一九九；卷八九，紹興五年五月丙戌條，頁一七一八、一七一九；卷一九〇，紹興三十一年五月甲申條，頁三六七六。

〔七〕陸九淵撰、鍾哲點校陸九淵集卷五書與徐子宜二，中華書局，一九八〇年，頁六八。葉適撰、劉公純等點校葉適集卷一四外稿吏胥，中華書局，二〇一〇年，頁八〇八。

〔八〕建炎以來繫年要録卷八九，紹興五年五月丙戌條，頁一七一九。

〔九〕葉適集卷一四外稿吏胥，頁八〇八。

作邑自箴

〔宋〕李元弼 撰

張亦冰 點校

點校説明

作邑自箴十卷，宋李元弼撰。元弼字持國，其邑里、生卒年已難詳考。據西上閤門使王公墓誌銘，元祐四年（一〇八九）八月王淵遷葬時，其女婿李元弼爲蔡州汝陽縣主簿〔一〕。哲宗紹聖中，爲杭州餘杭縣令〔二〕。徽宗政和七年（一一一七），李元弼待次揚州，作邑自箴就作於此時。

作邑自箴自政和七年成書後，淳熙六年（一一七九）曾由浙西提刑司雕印，是爲淳熙本。此後未見刊刻，傳本甚少，清修四庫全書亦未收録。錢曾述古堂嘗藏一鈔本，但具體信息不詳。陳揆稽瑞樓亦藏有鈔本一種，係影抄淳熙本者，此本後流入瞿鏞鐵琴銅劍樓〔三〕，今藏北京國家圖書館。張金吾愛日精廬所藏作邑自箴，亦據陳揆影宋抄本轉録。此本先後爲張蓉鏡、徐乃昌所得〔四〕，序言和卷一首葉有張蓉鏡、徐乃昌印款，今藏天津圖書館。此外，臺北「國圖」藏有鈔本一種，亦爲抄自鐵琴銅劍樓所藏者，抄寫時間不詳。經點校者比對，天圖所藏與影宋鈔本一字不差，臺北藏本僅改正了極個別明顯譌字，二者均無校勘價值。因此，影宋鈔本實爲目前唯一有價值的存世版本。本次整理，即以四部叢刊續編影印之影宋鈔本爲工作底本。

注釋

〔一〕蘇頌撰，王同策等點校蘇魏公文集卷六〇西上閤門使王公墓誌銘，中華書局，一九八八年，頁九二五。

〔二〕潛説友咸淳臨安志卷五二秩官九，見宋元方志叢刊，中華書局，一九九〇年，頁三八〇五。

〔三〕瞿鏞鐵琴銅劍樓藏書目録卷一二作邑自箴，光緒常熟瞿氏家塾刊本。

〔四〕莫友芝撰，傅增湘訂補，傅熹年整理藏園訂補郘亭知見傳本書目卷六作邑自箴，中華書局，二〇〇九年，頁四二一。

作邑自箴序

嘗謂子男之任，實難其人。漢之郎官，出宰百里。聖朝鼎新法度，以達官稱薦者録之。予濫綰銅章，才微識隘，何以承流宣化，民社之重，可不勉焉？剽聞鄉老先生論爲政之要，僅得一百三十餘説，從而著成規矩，述以勸戒，又幾百有餘事。釐爲十卷，目之曰作邑自箴。置之几案，可以矜式。

政和丁酉秋七月，李元弼持國待次廣陵書。

作邑自箴卷第一

正己

先生曰：凡欲治人，先須正己。孔子曰：「其身正，不令而行。其身不正，雖令不從。」

臨事當無心。無心則公，有心則偏。傳曰：「公生明，偏生闇。」古語云：「長民有三莫，一曰無事莫尋，二曰有罪莫放，三曰事多莫怕。」

爲政之要，當須遠嫌疑，罷張設，廣聞見，杜讒佞，審情僞，察弊病，示信令，省追呼，戢人吏，抑豪强，拯孤危，獎孝友。

罪疑惟輕，功疑惟重，千古之明戒，可不佩服才者。

處己必有餘裕，清而通乃可以有容，肅而和可以盡人之情也。

謙、和、廉、謹、勤，然不出此五字，推而廣之則達矣。寫下定狀，則難乎先衆人之心以逆之也。

或者曰：「公事如家事，官物如己物，豈有不集不惜者耶？」

乘酒、方怒，皆不宜書斷並決拷罪人〔二〕。

上官誤有沮駁公事，不可謂理勝在我，輒於應答之間，失上下之分。必曰任氣、苞容，然後謂之剛柔，此則未敢聞也。

筵會戒深夜，仍不可併作。

民間田圃，切忌獨遊。寺觀非有公幹或請謁，無侶勿往。

簽書筆墨、緣私幹紙札、廳上燈燭，悉須自備，待賓茶湯，仍須炭火之類多給。

時新饋獻之物，雖曰厚答之，亦不可受。至如同官惠口味之屬，醫人供納圓散，豈可徑轉歸家。其有包苴者，皆飭廳吏視過。

筵會使妓弟，須整肅。罷，即公人押歸其家，稍晚即給燭，仍防不測。

治家

虧物價不如多與錢，多與錢不如少買物，買於他州縣尤妙。燈心、皂角須月置，茸線染色計兩數收買。不惟事簡，兼更見用。

勿放尼婦出入，收生之婦事畢亦然。

賣買出入錢物，置都曆拘轄，免涉瓜履。

市買文曆，須置兩本，以防去失。日責廳吏覆算，於繫頭後繫書，委的依得見賣實直上色價例，方可簽押。曆紙三十幅一給，仍以私記印其縫。

作木牌方尺餘，寫告示，或刻，或金漆，付市買隨身，以示行衆。文在後。

節級、杖直、揀掐、廳子之類，令買己物及借與人幹置，其意安在？不可不可。

隨行衣籠中物，置曆交付主管人，遇有添減，結轉過押。

隨行差市買一名，準備緩急，買飲食之類，亦置收支錢曆。「緩急買物，不必須尋行人，但就近多支錢收買，無害」，此語題於曆首。

同官骨肉過從，多招謗議，苟或沾親，則無如之何，然亦不宜數耳。

香馨鹽酒之類，自有行人者不必於官務收買。其間有不得已於本務沽買者，丁寧專匠，於監官當面兩平稱量，押單子前來，當廳再隔手稱量訖，責專匠領錢及無大帶過官物結罪文狀。

外事不宜對家人輩論持，恐生悔吝。

常用斗秤丈尺之屬，先依公較定封號，責付庫子收掌。應買物，並委庫子當廳兩平稱量，斛斗委斗子。仍告示供知委狀。

處事

境内事皆欲預知子細，須知册子，最爲先務。

才禮上，便出牓十數要鬧處並鎮市曉諭，無親戚、門客、秀才、醫術、道僧、人力之類隨行，仍牒管下官監場務照會。牓檢在後。

舉人係與在縣公人親者，難爲接見，預戒廳吏取知委狀。謂不曾預薦者。

獄具并大小杖稱量如法，用火印，仍令秤子自書姓名於其上，以金漆漆定。不能書則吏代之，止令花押。火印用訖，封鎖庫中。

截自到任日應管錢物都數，勒逐案開排結罪供申，開庫逐一合曆尾。所管數目，具狀自收。

禁囚并知在、門留人數及未結絶事，逐案亦開項供析，以上并押録繫書〔二〕。

勒鄉司供出村分地形高平低下，仍畫圖子三本，廳所、燕息之處，各張一本，内一本連所供文狀入架閣庫。圖子以色牌子別之，謂高以朱，平以肉紅，低以青，平以黄，下以碧，仍各鄉計逐色數目掛之。以防水旱，易於檢視。檢旱以低爲先，澇以高爲先。

官物當精視，小人宜善待，此言雖淺，其旨頗深。

人吏自以欺罔爲心，何嘗顧瑕玷。官員十分關防，不免作過，況寬假之耶？稍見罪犯，盡理施行。文移不可失錯，雖無情弊，三犯者勘責。自置手簿籍，記公人小可罪愆，累犯酌情行遣，遍諭前日過失。其有以功補過者，分明説諭。

公人帶酒容，最爲不佳，宜嚴戒之。

通知條法，大字楷書，牓要鬧處，曉告民庶。鄉村粉壁，如法謄寫。

難結轉簿書，往往因循拖下。須逐案置版子，具簿曆名件，開説日結、旬結、月結、季結、半年結之類，請押字，以金漆漆過。每日簽押，先置書案上，押訖，勾點，了即洗去勾點墨，自然不敢拖空。

年、季、月、旬申之類，寫圖一本，張裹外坐隅。應管錢物亦然。遇收文，則揭貼。

應簿書須用一樣好紙，擇能書人真楷題面，常切愛護潔凈。

公宇門窗什物花木之屬，悉書于牓，仍著籍同官通簽押。遇有倒損增添，即時書鑿。什物之屬，仍題號於其上，可刻者刻之。

置入門、到廊曆，應系赴縣送納錢物，畫時抄上呈押。内入門曆，門子抄轉收掌，逐庫自來各有庫子處，各自置曆，其入門曆止用一道。

所在官紙，多不置櫃封鎖。牛馬皮角之類，或只廊上頓放，深屬不便。

去失架閣文字，刑名不輕，益當在意也。

公事文移差失，不許首改者，若旋拆换，便是私罪，第一不可。

同官失和，多因小人間諜，此宜察也。可詢即詢之，切無置疑。非意相干，可以理遣〔三〕。古老云：「時下面赤，過後得力。」真藥石言也。

親故若非土居者，不宜使之外住。及縱令出入，不若以理遣之。既去，便須取索公人、寺觀、形勢户有無乞托、借借錢物之類。

校勘記

〔一〕皆不宜書斷並決拷罪人　「拷」字原作「栲」，據文意改。

〔二〕以上并押録繫書　「并」字原作「井」，據文意改。

〔三〕可以理遣　「遣」字原作「遺」，據文意及下文「不若以理遣之」改。

作邑自箴卷第二

處事

聖節道場，多不精專，甚非臣子欽奉之道。當責行首預先保明，合用僧徒，前期三日戒潔，候道場畢，方得出院。若犯葷酒，及六時行道、看轉之類，稍涉懈怠，許人陳告，仍不輟躬親點檢。出牓寺門，戒群小喧雜。

傳舍亭館，須當嚴潔，橋梁道路，尤宜修治。卑下之地，其有不可填疊者，常令除去積水。

空閑官屋，舊有官員、秀才居占，切無起遣。其間或有孤遺無所歸者，若於條制有礙，更須詳度。

渡船並買撲税場，多邀難過往，至於官員、秀才或被輕侮，須嚴出牓示戒約。內渡船只可載六七分已下。火印水則。

塞空窑，疏墓林，警寇之一端也。

他州縣差人前來追贜、會問之類，不宜住滯，枉費盤纏，便生惡語。

非緊切事差人下鄉，奈搔擾何？

差占白直人過數，罪名頗重，切經慮也。縣門子之類，須白直數内人充乃當。凡驅使置曆，勞逸得均，自然畏服。

諸色公人，日逐衙喏。所在皆置曆，自書姓名，不能，則吏代之。官員坐廳，首先呈押，不到者申糾，謂之卯曆。此不可闕者。

州府官員到縣，日一見之，淩晨遣人吏往彼唱喏。非惟人情周至，亦所以奉州郡之禮也。

架閣文字，若自來不至齊整，作知縣牒縣，重行編排。日輪手分、貼司二名入庫，置曆限與號數，逐晚結押。

諸案架閣文字，外封上題寫架閣人吏姓名，花字押。應點數上聲。敕書，逐一以案卷勘對，遂無漏落。

上司帖、牒，逐司置一牌，長尺許，前刻曰「某司帖牒」，後貼紙一幅，逐一自書，了即勾押，當掛目前。

諸牓示責主管人領狀連入案，不用者勾收毁抹訖，朱批元領狀後官押。逐案置發引帖簿，抄上所給日限，令承差人批領去日時。

捉事人多不置簿拘轄，只憑公案，往往重疊支了賞錢。

大率詞訟，須是當廳果決，面諭罪名，不爾，即生枝蔓。其情輕法重，於理可恕，欲從輕科者，便令當廳勘狀。若稍稽緩，吏人受賂，遂成枉法。贓二十貫文，官員例當衝替。

凡罪人凶狡難恕，當行勘斷者盡勘出，難容情理穿入案款。

婚田曖昧者，只勾近鄰、近親人照證。

買賣有契要而輒相昏賴者，不必勾人，稍行根治，便見本情。

差雇人馬、船車、作匠之類，置簿輪轉，逐名後多空素紙，批鑿差雇月日，仍各給手把曆子對鑿。醫人、伴婆之類亦同。

日逐廊下小可罪人，造立匣，拘其手，男女異處，自不喧鬧。

弓手、手力，置牌書單名，親自輪撥，批注優重緩急、合選擇驅使者，曉諭合當人知，仍置差使曆。

差役合告示户頭，便於引内分明寫定「某人今差充某役」〔一〕，庶免動摇人户，仍出牓縣門空處。

縣事多處，詞狀限辰時前，着到限巳時前，繳跋、再限之類限午時前。仍置四大箱，箱額釘牌子，曰詞狀，曰着到，曰繳跋，曰再限，過時收之。如此則無積下公事，緊切者不在此限。

形勢公事入禁，晝時出牓，立賞錢，嚴責承勘司獄不得出外，仍告示門子知委。獄中不可置圊廁，止用木桶，早晚打併，多是於出糞所在，走失罪人。

囚食須加意點檢，不令減尅。其見在獄糧等，三數日一點看，米豆切不宜出剩。

釘重囚枷四道葉，二熟鐵，二生厚牛皮，須帶潤，使之各長闊三指。輕囚兩道鐵葉，各更用軟麻繩，於前後枷門裏緊拘縛封號。

重囚以鐵索長八尺，於一頭安粗鐵鋜，如大拇指大，用砧槌款曲，鋜其一足，以軟帛厚裹，勿令摩擦。候出禁，以二小鏵車拽開。其鋜須精熟好鐵，庶屈伸不折。長枷於左閃末鑿竅，可容三指〔二〕。每夜禁囚上匣了，通以長鐵索貫之，多以響鈴繫索上。

禁囚枷杻、釘葉、門索之類，不輟躬親點檢。

罪輕之人，先令本案申舉，未肯通吐實情，判押訖，方可枷禁。若行拷訊，亦先立判。

牢獄牆壁門窗，常切周視，務要牢壯。

獄吏不期一呵酒，暑月不設蚊幬。

定牢用一牌，具見禁人姓名書貼，晚即呈覆，如何綳匣。

禁囚令冬暖夏凉，時與洗浴，自少疾病。冬月臨上匣時，人與熱熟水一盃，夏月旋汲水與吃。

凡酒醉人，當官無禮高聲，未得枷吊打拷，且押下申報，差人看管。候酒醒，依法行遣。

逐日輪貼書一名，於案側執筆，抄節所判出狀詞，其判語則全録。

税物見得色額，須逐户給單子，紐定折納數目，印押訖，責付甲頭齎俵，免得更來計會。仍責鄉司委無大計及漏落結罪文狀，漏落者自甘陪填。

境内無主丘葢，常須檢察，苟有隳損，地主修飾。在官地内者，責幹當人寺院寄葢。見有子孫在他州縣者，行牒催令遷葬。

交易牙人，多是脱漏客旅，須召壯保三兩名，及遞相結保，籍定姓名，各給木牌子隨身別之。年七十已上者不得充。仍出牓曉示客旅知委。牓文在後。

折變税賦，要知折物貴賤，無令貧下户却折納貴物。

夏秋稅差科纔下，便牓逐村，大字楷書，告示人户。除差甲頭外，更不剗刷重疊差人下鄉，切慮搔擾。才入中限，即逐村簡徑出牓五七道，指定日限，勾人户勘決。牓檢在後。

校勘記

〔一〕某人今差充某役　「役」字原作「投」，據文意改。

〔二〕可容三指　「容」字原作「客」，據文意改。

作邑自箴卷第三

處事

耆、鎮判狀，事已了畢，限十日繳連赴縣。先取知委，告示應在縣公人並耆、鎮等。凡判狀帖引之類，有朱印「火急」字者違限一日，「急」字者違限兩日，其餘違五日，並勘決。仍出牓發放司前。二「急」字印子，置書案上，印訖，旋押花字於其下。

凡判索錢物狀，量多寡寬與日限，卻須逐限要還。及分數，於狀上用印子。文在後。

告示寫狀鈔書鋪户，每名召土著人三名，保識自來有行止，不曾犯徒刑，即不是吏人勒停、配軍、揀放、老疾不任科決及有蔭贖之人，與本縣典史不是親戚。勘會得實，置簿，并保人姓名籍定，各用木牌，書狀式並約束事件掛門首，狀式約束等在後。仍給小木印，印於所寫狀鈔諸般文字年月前，文曰：某坊巷或鄉村居住，寫狀鈔人某人，官押。如違縣司約束指揮，斷訖，毀劈木牌、印子，更不得開張。書鋪内有改業者，仰齎木牌印子赴官送納，亦行毀棄，他人不得冒名行使。身死者，妻、男限十日送納。

應鎮、耆、莊宅牙人根括置籍，各給手把曆，遇有典賣田産，即時抄上立契月日、錢數，逐旬具典賣數申縣，乞催印契。其曆半月一次赴縣過押。

狡猾人户，多將田産寫立白契，私約年限，質當錢物。及至過限，錢主將契投税，勘會之時，業主卻稱係准折債負。此等不用深治，但責限三五日還錢。或過限還錢不足，情願印契，不爾，無以杜絶情倖。凡鬭訟，乞勾所争人父母妻女之類照證，意在搔擾，切宜詳度，不可一例追呼。

公事已施行者，不可却。憑兩争人情願不争文狀疏放。

凡告人罪犯，事狀未明，各須收禁。雖得實情，亦且本家知在，候斷訖逐便。

買賣牛馬之類，所在鄉儀過却定錢，便付買主。牛畜口約試水草三兩日，方立契券。若有疾病，已過所約日限，賣主不伏，却煩官方與奪。人有已交價錢，未立契券；已立契券，未還價錢，蓋不知律有正條，條在雜律内。須録全條，曉示牛馬牙人並諸鄉村知委，免興詞訟。

一家田土典賣與數家，爲主者初出帳目之時，務要速售，大寫頃畝疆界。買主爲見價賤，更不較計。經隔年月，互論侵占，及至打量，例各不足。除契中立定硬界、自合止依硬界外，其界至不明，先依年深契内頃畝摽撥，各於契背分明批鑿，印押給付，以絶後訟。

和賃民間動用帳設之類應副過往，分明置曆收管。候還日，令供領狀并請賃錢。出帳設人户，亦須均匀，置曆輪當。

酒務沽賣不行，久例動樂招邀若撲牌子之類，便有賭博之弊，非所宜也。

諸色公人，各子細供家狀一本，置簿抄上，狀式在後。貼司召主户三人，保有行止，立籍。

錢穀簿曆，十日一次差鄉書手磨算，朱書保明於計頭後，仍別供結罪狀入案。逐司諸般錢物，須置都曆，一處拘轄，以防散失。

凡弓手銀楪子，逐個子細秤盤，仍印押。

帖引在外，多不繳納村落所謂出燒帖錢者，是無拘係也。

典賣田産，不畫時推收税租，經隔年月，猝難理會。鄉司重疊刷出拖欠人户，爲撓不細。

以好紙作一簿子，應係上州等處送納錢物，畫時抄上，常置几案，限日繳納朱鈔並呈回文，親自勾銷。廳上置一櫃，凡已絶公事，未暇封題入架閣庫者，鎖於其中，以防去失。

勘問罪人，未可便行拷掠。先安排下小杖子，喝下所拷數目，欲行拷打，卻且權住，更且子細閃問。待其欲說不說，持疑之際，乘勢拷問。若未盡本情，又且略住杖子，再三盤詰。嘗留杖子數目未要打盡，自然畏懾，不敢抵諱。

罪人犯狀明白，倚賴兇頑，累經綳拷，未肯招承者，但晝夜不得令睡，立在廳前，不過三兩日，便通本情。然須擇有心力獄子三五名專一看守，不得稍涉懈怠。仍差節級，不輟高聲提舉，以防疏失。

凡勘罪人，切不可非理拗擗綳吊，但吊起一足，直身令立，已自難受。

收禁罪人，須逐牢差定獄子，分明交與人數，及緣身有無疾病、痕傷，責狀入案，押獄節級狀後繫書。公事伺候勾干照人，罪輕不當收禁者，不必責付鎮、耆知在，但只出帖云「押去勾某人，限幾日同出頭」。

手分各置逐日工課曆子，分受公事，了即勾銷。日下實不能了者，批鑿行遣因依呈押。

取責逐耆長所管鄉分圖子闊狹、地里、村分、四至，開說某村有某寺觀、廟宇、古跡、亭館、酒坊、河渡、巡鋪、屋舍、客店等若干，及耆長、壯丁居止，各要至縣的確地里，委無漏落，詣實結罪狀連申，置簿抄上。內寺觀、廟、亭館倒塌，酒坊、客店開閉，仰即時申舉，以憑於簿內批鑿。寺廟等依舊興修，坊店復有人開賃，亦仰申報。

作邑自箴卷第四

處事

已上據多寡、分闊狹雕印板，如一幅紙大，均爲四幅，或所在更有可添門類，臨時裁入。用薄板二片如其紙大，逐日早貼所印紙在板兩面，逐幅末後旋落日押字，置書案上，一一親自寫號件數。内判狀、詞狀，指擿上簿，閑慢者略去。餘合上簿者，上訖對勾，謂之公事單子。逐日晚揭下連粘押縫，以青夾紬袋子封，收入宅，次日取出，相换粘綴，不可散失。十日一次封起。事少半月。以千字文爲號，家中以櫃封鎖。事未了者，檢舉行遣。其紙以俸錢買。任滿，納與交代。

詞狀入，沓鋪在案上，或上或下取看，以防計會。有首罪狀，要在先也。

揀摺經手官錢，各認一色樣錢，以彩色染擦，穿一文於瓣頭爲號，仍供稱説「某人認某年代錢，以某色染擦」，用紙封題，使姓名印子，以防欠陌。

官員秀才家書，並須置曆二道：拘收、發送。拘收者，注入遞月日，附某事牒至某處；發送者，取幹當人收。

罪人遮眼，用熟青絹一方，疊作四指闊，連耳遮繫，切不得以紙籠子罩蓋頭面。耳中先塞以潤紙，切不可過濕。

付鎮、耆定奪婚田事，於帖後連素紙十幅，小事五幅。印縫，仰兩争並鄰保人寫於其上，以防拆換。

手分、貼司之類，所在優重不均，蓋有説也。但將諸案或輪出外鎮場務去處，令衆曹行參議，立定優重分數，却將逐名行過案分，具出優重比折，輪差自無偏曲。

凡繃吊罪人，直上大繩，謂之「定命繩」。罪人取力全在此繩，須是多用好麻打造，稍磨擦動，即易去。

出外看謁，先點獄中防守人封鎖獄外門，仍别差節級監守，令時復隔門提舉。刷湯枷杻，置曆輪差節級監管，務要潔凈。

獄中常要潔凈。薦席之類，一一整齊，匣前置小牀子，搘起罪人脚跟，令通氣脈，遂無瘡腫。

保牌多以爲末事，盜發火起，所係不輕，宜一新之。

陳狀索錢，除明有保人，委的賣過物色，違約不償，自合嚴限催還，於法不合監禁。其餘假作賣物，或稱借錢無利，不必究見本情，但只寬與日限。若不押狀，送糸貧民緩急借貸〔一〕。

受納不阻滯人户，爲上所納之物不必過當退換。紬絹上分明用揀子姓名印子，打鈔用木牌子，文曰「得牌與鈔，得鈔還牌」。

造五等簿，將鄉書手、耆、户長隔在三處，不得相見，各給印由子，逐户開坐家業，却一處比照，如有大段不同，便是情弊。仍須一年前出牓約束。人户各推令名下税數着脚，次年正月已後，更不得旋來推割。

俵和預買紬絹錢，多是詭名冒請，以此出限不納，有費行遣。但於初俵錢時，加意關防，前期五、七日告示耆、户長，各正身，至日出頭，逐一識認請人是與不是户頭，仍齎户帖表照，如無户帖，要去年納鈔呈驗。若係創初立户，鄉司保明，雖有文帖鈔，仍於甲帖後耆户長委保。雕一「支某年分和買錢訖」印子，長尺餘，置案上，親自印於户帖或去年納鈔後，免重疊請去。逐甲支錢，合除官錢若干，令甲頭自數，在階上庫子交數其逐貫紐分，庫子亦不得犯手，令甲頭自俵。

坊場課利，寫圖常掛坐側。坊場錢若見今開沽，只令本處耆長催納，不必差人。如或容縱拖墜，先決耆長，自然得足。若係舊欠，當廳令認，每十日或半月一次納若干，須管依限齎納赴縣或就州納訖，呈驗朱鈔，亦不必差人監催。待其一次違限不納，便嚴監督，頑猾者勘決錮身。初認納時，便丁寧説諭如法次第。

差役不可倉猝，先將等第簿令逐鄉抄出，用朱書某年曾充某役，曾不曾爲事故未滿抵替，今空閒實及幾年，然後更將物力并税簿點對子細，方可依條定。或同官可委，即委之。

起催税賦、和買諸般合納錢物等，逐色置簿，開逐管户長催數，并鄉司各置收分鈔曆子，更抄都曆。每場發到朱鈔，先當廳點算都數，抄上都曆訖，方分上逐鄉曆子，即時朱鑿逐色簿，紐計數呈押，然後勒鄉司就廳前銷入文簿。次日早，同官聚廳，便要銷押朱脚。

纔欲起催税賦，先抄出一縣共若干户長，每一名户長管催若干户，都若干貫石匹兩，又逐一户長各具所管户口及都催税賦數。須先開户頭所納大數，謂三十户爲計者。後通結計一都數，以一册子寫録。每一限只令筭結催到、見欠數，親將比磨。若催及都數，則是正數已足，其餘殘零可緩緩催之。蓋無緣逐户户盡數得足，其鄉書手惟要關留户長磨税，及要户户盡足，其弊不可舉也。

□□木牌雜記事以備遺忘，常置目前。

□□亭館馬鋪船□開坐醫人坐□住上姓名雇人馬船車則例。其床榻、倚卓、薦蓆之類，尤須留意，仍别釘小版牌，咨白過往官員、秀才。文在後。

凡遭旱蝗水溢，須早出牓示并狀式。不可直候逼限出牓，有誤遠鄉披訴。既預有四色牌子圖，豈敢妄來陳狀。

廊下枷吊罪人，用東西廊牌子施寫罪人姓名，付逐廊獄子專切看守。人數多，即添差弓手，仍責定節級或杖直不住點檢提舉。

差夫役，總計家業錢均定，遂無偏曲。

夫隊未起前，勾集隊頭，逐人當面給畫一戒約指揮一本〔二〕。文在後。

校勘記

〔一〕送糸貧民緩急借貸　「送」後之字，僅餘偏旁「糸」，疑爲「給」字。

〔二〕逐人當面給畫一戒約指揮一本　「逐」字原作「遂」，據文意改。

作邑自箴卷第五

規矩

前正己、治家、處事三説，可以書紳，廣其餘意，立作規矩，使人吏遵而行之，以警不逮。

知縣專行戒約如左：

一、早晨諸案簿書於兩廊各於箱内排備，逐案依資次轉上廳，押司録事過押。

一、簿書日結、旬結之類，並不得拖空，仍同官簽押令圓備。

一、簿書不得交互案分及地上頓放、揉折、點涴。

一、簿書有差誤處，先具狀申陳，方得揩改，畫時用朱印。續添紙者，畫時印縫，亦用申狀。其狀印司連粘準備，緩急取索照使。

一、簿書遇非次取索點檢，凡失脚拾件不曾銷押及一事以上失行，罪逐案；總三十押或五事以上，押録同科。

一、簿書逐旬輪官點檢，置曆一道，具有無失錯批上，點官押訖，次日同官聚廳，典押執曆呈覆通簽。

一、行遣并已絶，各限當日銷鑿簿書。內已絶者，即時封印，付架閣司入曆收係，類聚呈覆入庫。

一、申狀并錢穀文字，並不得揩改。

一、公事文牒，本案行訖更合關過别案者，限晝時。

一、諸處取索急速文字，當行典押等關留在縣，連夜供報。

一、合要敕條并架閣文字照使，並先具狀，經官員判押，付主管人上簿訖，方得借出，依限催納入庫，不得吏私借出。

一、續降並衝改條貫，限晝時簽貼用印，不得揩改。其合出牓曉示者，限當日。

一、應行文字，簽押用印圓備，方得發出。

一、司房中見行文字，常切籤號齊整，准備官員不測親到司房點檢。如有毁棄無用故紙，亦須成卷收頓，不得將出及不得與要用文字交雜。

一、提轉并應係到縣官員，有告示先到，或探聞將欲前來，仰典押畫時寫用呈押遍指揮合點去處，取知委狀。仍關報前程及鄰近縣鎮。

一、押録已下各置對讀印子，文曰「對讀訖」，姓名押字。分明印於文牒年月前，申狀止印案檢，其申狀年月前用真楷書到、發日時。内申狀，押録同對讀，於狀檢上用印子。

一、未絶事常切檢舉行遣，不得無故稽遲。押録不住點檢，如違，押録同罪。

一、領詞狀、着到及勘斷公事，廳子、典押等，非呼唤不得上廳。

一、吏人不得輒出縣衙門，如有事故請暫假，不經宿者，取覆請牌子，具事目執付門子放出，仰門子即時前來報覆。如判得假狀，即執付主假故簿人吏，書在假日時，官員押訖，方得前去。至參假日，亦須書鑿日時，官押，以憑久遠照會該與不該行遣公事。有主管公人並獄子，准此。

一、非吏人不得輒入司房，雖是吏人，無事不得交互案分。

一、諸色公人男女家人之類，不得入縣衙門。若送飲食之類，許暫到司房便出。

一、於官員、秀才處整會事理，不得亂入名遞言詞，仍先呈草檢。

一、官員整會事，並須行牒，不得以引帖告示。非官員申者，止行引告示幹當人。

一、别州縣鎮追會公事之類，一如本縣事施。

一、倉庫牢獄，主典不輟照管，稍有損動，火急乞修整。每有雨雪，取覆開倉庫，恐有疏漏。

一、典賣田産，據推收狀，鄉司畫時，當廳鑿簿呈押。

一、人户諸雜拖欠課利等，官員指揮令出引催促者，於引帖内分明聲説「只交付朱鈔前來，對簿勾銷」，不得亂勾人赴縣。臨時指揮勾欠人，不在此限。朱鈔銷訖，却齎付本人，取交領狀，連入案。

一、催到諸般錢物計會，門子上門曆訖，仰直廳獄子將到，頭先令主典抄上簿曆，候公事稀少，與文帖一處呈押。

一、諸案未了事件，不得重疊出引帖發出。除條限舉催外，餘並半月一次劄刷發引簿，具出引帖名件，勾元受引帖人出頭取指揮。

一、押録分定帳狀之類舉催。

一、諸案着到公事，依先後取狀。内急切者，臨時取指揮。

一、公事入縣門，門子不得阻節，或有酒醉并心恙之人及持棒杖之類投衙，即不得放入，先來報覆，不得縛打。

一、諸案並鄉司有未了公事文書等，或程限已逼，各不得請假。其日生公事，無故不了，科怠慢之罪，勒上宿結絶。

一、應係官文書，不得將歸私家。

一、諸處帖牒，並當廳呈覆開拆。

一、上司判狀帖牒等，鑿頭付逐案分受訖，除元有日限外，並於前面粘白紙一小片，節略朱書事目，呈覆請限行遣。自鑿頭至呈覆，不得過一時辰。「火急」字限半日，「急」字限一日，須管報應結絶。如合出追會者，臨時別乞限。

一、錢庫常切排垛齊整，與曆尾庫經相照，仍常寫空頭門牌，以備官員不期到來點檢。

一、罪人有案後監納贓賞錢之類，並先附文簿，簽押訖，方得領過斷遣。

一、應諸處申解捉到公事，本案當廳取狀，係甚人下手捕獲，簽押入案。

一、知縣上州或出外回縣，諸案曾承受過條貫，並諸處文牒，及已斷未了公事，逐一具節目呈覆，押録點檢繫書。

一、應係錢穀鈔合用縣印者，鋪在書案上，當官員面前使印。

一、禁囚，先責醫人狀具有無瘡病，當廳着枷。

一、罪人未吐實情，先須立判，同官通簽訖，方行拷訊。司獄不對官員，擅自拷訊者，許諸色人陳告，當行勘決。

一、禁囚瘡病，當手醫人置曆注疾狀，逐日具增減分數呈押。不管失所。

一、逐案承勘罪人并取狀之類，並立於行廊階下，不得入司房中。暑熱雨雪，聽於廊上立。

一、禁囚枷上姓名，大字真書，三五日一易，務要分明。

一、應禁勘罪人，仰本案取覆，立賞出牓。

一、獄中上牓條貫，仰主典常切讀示，令獄子知委。

一、獄中禁繫數多，或有徒已上囚，其獄子不得請假。有急切事故者，典押節級保明。

一、獄中早晨報平安訖，仰主典將獄外門即時下鎖，有合牽拽出罪人，旋行取覆。白日廊下綳吊罪人，遇官員下廳或出外看謁，仰看守獄子等取覆，却押入牢內。

一、在禁公事，勾追干照人未到，稍違引內日限，仰主典稟覆。

一、合解州罪人，別無追會，仰主典請限結解。

一、見禁未斷公事並差役未定，如有人撰造語言，起動人户者，許諸色人陳告。

一、在禁罪人并勾到在縣人，雖些小疾患，或故疾發動，仰監管人即時申報，委醫人看理。禁囚夜間不安，亦晝時轉報。

一、送罪人飲食，仰門子晝時轉與當廳獄子，立便點檢呈覆，方得給付。不得用磁器、銅鐵家事，及不得用箸，止得用木匙。

一、不係獄中防守人，不得輒入獄中。

一、遇收禁重囚，仰押獄節級取覆，添人防守。

一、棒杖、尖物、刃器、磁器、金銀錢酒，不得將帶入獄中。

一、禁囚家屬送到衣被等物，置曆抄上，仰門子先押來，當廳上曆，呈押訖，方得轉入獄中。其給出者，責領狀附案，仍批銷文曆。其曆押獄節級專掌。

一、未用杻枷繩棒之類，不得安頓在有罪人牢房中。

一、上宿手分、醫人等，並須未上燈齊足。

一、典押諸色公人等被差，或隨官員出外，歸縣，並須畫時公參，不得托故，因循在外。

一、年終帳狀，限次年正月二十日；半年帳狀，限次半年孟月十五日；每季帳狀，限次季孟月初十日；月帳狀，限次月初五日；旬申帳狀，限次旬二日。夏秋稅管額帳，當年五月一日；納畢單狀，稅滿限四十日，並要申發訖呈檢。

一、承受引帖人，凡勾追兩人已上，須約定時日，齊集出頭。即不得先後勾呼，却於所在關留，枉費盤纏，及妨營運。文引上印「火急」字及引内指定令逐旋勾追赴縣者，即不須候齊足，徑仰先到者出頭。

一、差人詣鎮、耆長等處取責人户文狀，須是呼集鄰保，對衆供寫。或不能書字，須令代寫人對衆讀示，親押花字。其代寫人及鄰保亦須繫書，以爲照證。

一、退狀置曆拘收，委直日手分封題，別置櫃封鎖。

一、諸色公人見寄居或過往官員、秀才，不得慢易無禮。

一、諸色公人敢帶酒容及將酒入縣衙門，並當從重科斷。

一、刷湯枷杻，置曆輪差，節級監管，須要潔凈。

一、不得將罪人擅便拗擲，苦虐綳吊。

一、罪人疾患，畫時牒官，取責口詞，便輪醫人守宿，日申加減狀，仍置曆遍押同官。

一、應係獄中守宿人，係是罪人親戚，仰畫時自陳，權行抵替。

作邑自箴卷第六

勸諭民庶牓

鎮市中并外鎮，步逐鄉村店舍多處，各張一本，更作小字刊板。遇有耆宿到縣，給與令廣也。

知縣勸戒民庶如後：

一、耆宿常切教誨卑幼，及誘諭鄰里眷屬等孝順父母，友愛兄弟，和睦親知，切勿耽酒賭錢，非理作事。

一、父母教訓子孫，當揀擇業次。稍有性格者，自幼便令親近好人，讀書應舉。忽爾及第，光榮一鄉，信知詩書之貴也。不能讀書，便學爲農，農者質樸悠久，治身之本也。

一、農、工、商販，各務勤儉，不得因循破蕩家産，上失父母甘旨，下闕妻男衣食，一失思慮，猝難拯救。

一、少長相逢，雖非親識，各存禮貌。如有後生未甚歷事，或得耆宿苦口相勸，乃是至誠相愛，切須聽受，仍加遜謝，不得輒生嫌恨。

一、大凡娶妻，要正家道。或嫌嫁裝微薄，親家不和。婦人年高，男子年小，有亂婚姻之理。但得夫婦年齒相當，不必論緣房之多少也。

一、兇悍之人，好習武藝，收藏兵器，非惟條法不輕。或恃賴些小能解，誇逞强梁，因而結集，便成殺奪，遂置極刑，小或流配。雖有至親，救汝無計，宜三思而戒之。

一、頑民處詐，不思敗露。若於私下欺詐良善，事小不欲理會，便爲得路，到官根究，立見本情。汝宜省己，以務誠實。

一、所在多有無圖之輩，並得替公人之類，或規求財物，或誇逞兇狡，教唆良民，論訴不干己事，或借詞寫狀，煩亂公私。縣司不住察探，追捉到官，必無輕恕。

一、民間居止只隔籬壁，語音相聞，不得輒出穢言，以妨鄰舍父子兄弟同坐。或來陳訴，必定從重科斷。其在街市穢語，仰地分幹當人指約，稍有不伏，收領赴官。

一、犯放火、殺人、作賊、賭錢、侮慢尊長、欺壓良善、斫害人牛馬、剮剥人林木、恐嚇人財物等罪，不惟條法不輕，若到縣司，必定嚴行禁勘。

一、自來景蹟頑惡，載在文簿之人，如肯改悔，不作前非，却服業次，願爲良民者，仰經縣自陳，待憑勘會所犯後來行止，當議除落頑惡姓名。

一、浮浪及行止不明，或憑恃頑惡出不遜言語，欺陵街巷，非理搔擾，乞托爲活等人，仰鄰保衆共起遣出離縣界。如不伏起遣，密來告官，當議依法施行。

一、民間多作社會，俗謂之保田蠶人口，求福禳災而已。或更率斂錢物，造作器用之類，獻送寺廟，動是月十日，有妨經營。其間貧下人户，多是典剥取債，方可應副。又以畏懼神明，不敢違衆，或是争氣，强須入會。愚民無知，求福者未必得福，禳災者未必無災。汝輩但孝順和睦，省事長法，不作社會獻送，自然天神佑助，家道吉昌。汝若不孝不睦，非理作事，雖日日求神禱佛，亦不免災禍也。

一、夏秋税賦，並預買匹帛，及合納錢物、諸般欠負等，纔見縣司起催，切依牓上日限，便趁有物之際送納了足，不得却將錢與户長、甲頭、承催之人，拖延過時，直至勾追，枉遭刑責。其合納錢物，終要輸官，何緣蠲免？

一、誤放牛馬之類，踐食田苗，或蓋屋築牆，偶侵疆界，地主未得經官陳訴，先且以理咨問犯人。犯人便須謝過，陪備退還。若是不伏，便仰告官，罪必有歸。

一、凡有賊發火起，仰鄰保立便遞相叫唤，急疾救應，不須等候勾追，却致誤事。若官司點檢或保衆首説有不到之人，其牌子頭并地分幹當人一例勘決。

一、鎮市鄉村有行止不明、無圖運作過之人，并開櫃坊沽賣私酒之家，仰地分幹當人或鄰保密來告官。若或隱情因事彰露，被别保人户告發，其鄰保及幹當人的不容恕。

一、諸色行鋪，不得輒將人户寄付并修整及染練物色之類解賣。其知情收解承買之人，亦當嚴斷。

一、有田園之人，切須時復躬親照管，明立界至，耕種及時，斷賃如約，佃客誠實，須加饒潤。

一、佃户勤强，便足衣食，全藉主家照顧，不得偷瞞地利。作事誠信，須曉尊卑，莫與主家争氣，邀勒主人。待要移起，被人窺見所爲，便是養家之道〔一〕。

一、放債人户切須饒潤取債之人，輕立利息，寬約日限，即不得計套貧民，虚裝價錢質當田産，及强牽牛畜，硬奪衣物動用之類準折欠錢。其欠債人户，亦不得昏賴失信，須防後來闕乏，全藉債主緩急接濟。

一、凡作營運，務要久長取利，豈可便要成立家資。切不可貨賣假僞物色，及用私斗秤尺，大收小出，剥刻貧民，却將錢財非理破使。惡積禍生，汝宜前悔。

一、應陳狀理會事，其見行未絶者，緣新官到已自剗刷催促外，切慮人户爲見新舊官交替之際，再將已經縣司理斷事煩紊官方，并仰陳狀人於狀内分明聲説：「今來所理會事，即未曾經本縣理斷，如後異同，甘罪不詞。」

一、應人户自執去判狀，須是付耆長正身，仍取批收憑由收掌。

一、應寫狀鈔之人，縣司已籍定姓名，各給木牌於門首張掛，并有官押印子於鈔上印號。仰人户子細詢問，即不得令無木牌、印子人書寫狀鈔之類。如人户自能書寫，即於狀鈔上稱説係某親書，並須楷書寫。

狀式

某鄉、某村、耆長某人耆分，第幾等人户，姓某，見住處至縣衙幾里，如係客户，即云係某人客户〔二〕。所論人係某鄉村居住，至縣衙幾里。

右某，年若干，在身有無疾蔭，婦人即云有無娠孕及有無疾蔭。今爲某事伏乞縣司施行，謹狀。

年月　日姓某押狀。

一、應籍定寫狀鈔書鋪户，不得爲見縣司指揮不係籍人不得書寫狀鈔，却致邀難人户，多要錢物。如察探得知，必定開落姓名。

一、應百姓年七十或篤疾及有孕婦人，並不得爲狀頭。

一、應係州城下居住人户，不得詣縣中陳狀。此一項唯倚郭縣可用。

一、應官私債負，今並寬給日限還納，不得更似日前故作拖延。

右各知委。年月日

校勘記

〔一〕便是養家之道 「養」字疑爲「喪」字之誤。

〔二〕即云係某人客户 「云」字原作「去」，據文意及下文「婦人即云有無娘孕及有無疾蔭」改。

作邑自箴卷第七

牓耆壯

知縣約束耆壯如後：

一、耆長各置承受簿一面，壯丁置脚曆一道，凡承受諸般判狀帖引等，及交付與壯丁繳跋文字，並將簿曆對行批鑿。內有耆長親自赴縣繳跋者，逐案批收，各須將簿、曆隨身，準備取索點檢。

一、本耆差壯丁解送公事，於狀內填實日時。其狀摺角實封，用木鋌子發來。

一、申解公事，只得於狀內略説事情，即不得一面取責夾細文狀，及不得枝蔓亂勾人户前來。如鬭打傷損者，各指要切照證之人，仍不得過二人，解押赴縣。

一、耆長只得管幹鬭打、賊盜、煙火、橋道等公事。臨時更檢條開坐。

一、承受人户，執去判狀，給與憑由。

一、當切修治道路、橋梁及去除積水，不得阻滯人馬往來。

一、臨近道路坑壍，勒地主填疊，不管損陷人馬。

一、近路井口，勒令用磚石砌甃，窄小不可下人。土井用磚石砌甃，不得者止用粗大枋木作井口，架於其上，並各以欄干遮護。

一、道路有疾病無養之人，立便擡舁，責付就近客店店户、醫人如法看承，用藥治療，具病狀當日申縣。候較損日，將領赴縣出頭，其店户、醫人當議支與錢物。

一、里堠粉壁及牓示，常切照管，不得稍有損壞。

一、空窯常須填塞，墓林有叢密者，告報墓行，剗令稍疏，恐藏賊盗。

一、年少無殘疾男子，或在鄉村求乞者，轉押出縣界。

一、稱縣中官員親識，於鄉村起動人户、寺觀，仰速來報覆，以憑依法施行。

一、田野間或有蝗蟲之類損壞苗稼，仰晝時申縣，仍一面呼集保衆打撲。

一、受縣帖勾人，凡兩名已上，須約定日時同共出頭，即不得先後勾追，於所在關留，有妨農業〔一〕。

一、取責人户文狀，須是呼集鄰保對衆供寫。或不能書字，令代寫人對衆讀示，令親押花字，勒代寫人并鄰保繫書照證。

一、帖引上有「火急」字者，違限一日；「急」字者，違限兩日；其餘三日：事不了，勘決。若於限内實不能了者，具因依疾速申來，當議量展日限。輒敢妄乞展限者，罪不輕恕。

一、地分無主丘墳，常切照管，不得令人侵耕損動。

一、店舍内有官員、秀才、商旅宿泊，嚴切指揮鄰保夜間巡喝，不管稍有疏虞。

一、縣司行去公事，須是用心幹當，但如自己緊切事幹辦，自然速了。若或慢易，必定勘決。

一、耆壯解押公事，並須正身。

右仰知悉。　　年　月　日

牓客店户

知縣約束客店户如後：

一、逐店常切灑掃頭房三兩處，并新净薦席之類，祗候官員、秀才安下。

一、官員、秀才到店安下，不得喧鬧無禮。

一、客旅安泊多日，頗涉疑慮，及非理使錢，不着次第，或行止不明之人，仰密來告官，或就近報知捕盜官員。

一、客旅不安，不得起遣，仰立便告報耆壯，喚就近醫人看理，限當日内具病狀申縣照會。如或耆壯於道路間擡舁病人，於店中安泊，亦須如法照顧。不管失所，候較損日，同耆壯將領赴縣出頭，以憑支給錢物與店户醫人等。

一、客旅出賣物色，仰子細説諭，止可令係籍有牌子牙人交易。若或不曾説諭商旅，只令不係有牌子牙人交易，以致脱漏錢物及拖延稽滯，其店户當行嚴斷。

一、説諭客旅，凡出賣係税行貨，仰先赴務印税訖，方得出賣，以防無圖之輩恐嚇錢物，況本務饒潤所納税錢。

一、説諭客旅，不得信憑牙人説作，高擡價錢，賒賣物色前去，拖墜不還，不若減價見錢交易。如是久例賒買者，須立狀保分明邀約。

右仰知委。　年月　日

知縣事牓

纔禮上牓，無親戚門客等隨行。

勘會今月日到任，並無親戚並門客、秀才及醫術、僧道、人力之類隨行，竊慮有妄作上件名目之人在外作過，須至曉示者。

右出牓某處，如有妄作上件名目之人，起動人户並寺觀、行鋪、公人等，仰諸色人收捉赴官，以憑盡理根勘施行。各令知委。

年月　日

校勘記

〔一〕有妨晨業　「晨」字疑爲「農」字之誤。

作邑自箴卷第八

寫狀鈔書鋪户約束

某縣今籍定書鋪户某人，許令書寫狀鈔諸般文字，具約束下項：

一、詞狀前朱書事目。

一、狀鈔中緊切處，不得揩改。

一、據人户到鋪寫狀，先須子細審問，不得添借語言，多入閑辭，及論訴不干己事。若實有合訴之事，須是分明指定某人行打，或某人毁駡之類，即不得稱疑及虚立證見，妄攀人父母妻女赴官，意在淩辱。若勘見本情，其寫狀人亦行勾勘。

一、不得爲見不係籍人不得書寫狀鈔等，便輒邀勒人户，多要錢物，方肯書寫。如縣司察探得知，必行根治。

一、已有判狀或文帖勾追對會事理，并已認還錢，未了，再押出頭，並不得寫狀，却來煩紊官方。如有詞説，但隨着到當官分析。

一、百姓年七十，或篤疾，及有孕婦人，並不得爲狀頭。

狀式

某鄉，某村，耆長某人，耆分，第幾等人户，姓某，見住處去縣衙幾里。如係客户，即云係某人客户〔一〕。所論人係某鄉村居住〔二〕，至縣衙幾里。

右某，年若干，在身有無疾蔭，婦人即云有無孕及有無疾蔭。今爲某事，伏乞縣司施行。謹狀。

年月　日姓某押狀

一、應係狀鈔之類，並要真楷書寫〔三〕，將給去木齪子分明印於年月前。其狀内干錢穀數目并鬭打月日，並作大字。謂一作壹之類。

右給牓付某人，切在依稟。如違前項指揮，必定勘決，毁牓木齪子，更不得書寫文字。的不虚示。

年月　日

夏秋税起催先出此牓。勾耆長，當廳丁寧指揮，給付此牓。

知縣事牓

訪聞人户，自來遞相彷效，不依限送納税賦，唯務行用錢物與催税之人，以此因循，遂遭刑責，以至枷項監催，方得了足。蓋是愚民全無識慮，須至告示者。

右仰諸鄉村通曉。父老詳認今來告示，互相講勸愚頑之人，若將重疊行用，與催税人錢物，不如趁有物之際相添，及早納足户下税物，不唯公私省力，亦免人户枉遭刑責。又緣税物終須要納，若候官中勾追，已是過時，猝難辦集，轉見費力。縣司今來除給帖付户長外，更不別差人下鄉催促，恐生搔擾。若有妄作縣司催税之人，起動人户，仰收領赴縣，以憑嚴斷。其遞年頑猾欠税人户，已抄出姓名，如入中限，輸納未足，先次勾決，枷項監納，的不虚行曉示。　年月　日

税到中限，便出此牓。小作印板，印給耆長，每村三兩道。

知縣事牓

勘會先行告示，更不差人下鄉催税，恐生搔擾。今來已及中限，全未見大段納及分

數，須至别有告示者。

右散行告示鄉村人户，仰火急前來了納户下税物。縣司已指定某月某日，先勾第一等至第三等欠户勘決。其第四等、第五等欠户，於某月某日勾追施行，的不虚示。

年月　日

牙人付身牌約束

某縣某色牙人某人付身牌開坐，縣司約束如後：

一、不得將未經印税物貨交易。

一、買賣主當面自成交易者，牙人不得阻障。

一、不得高擡價例，賒賣物貨，拖延留滯客旅。如是自來體例，賒作限錢者，須分明立約，多召壯保，不管引惹詞訟。

右給付某人。遇有客旅，欲作交易，先將此牌讀示。

官　押

公人家狀式

某人鄉貫，係第幾等户。

三代。逐代開説并年甲。母在，亦具年甲。

某，年幾，在身有無疾患，别有無藉蔭親戚。

一、親兄弟幾人。某作甚業次。如一人已上，各開説。

一、妻某氏，係某人女。

一、男幾人。亦依兄弟開説。

一、女幾人。長嫁某人已，次亦開説。

一、某於某年月日投充某役，或投充手分。某年月日行甚案，實及若干月日替罷。見行甚案。

一、有無功過。

一、祖父母，父母曾未遷葬。

右所供並是詣實，如後異同，甘伏深罪。不詞，謹狀。

年月　日

書市買牌

知縣廳。

本廳收買諸般物色，並是先支上等實直見賣價錢者。

右仰行人驗認牌上書押，先於市買處交取上等實直見賣價錢，方得供物。其市買輒敢支中下等錢，及於牌外妄有取索賒荷，立便赴本廳出頭。

驛舍亭館馬鋪咨白小版牌

某拜聞。過往官員、秀才，如到此歇泊，什物闕少，掃灑不至潔净，或看管人不在本處祇候，切望垂示，當依理行遣。具位某拜聞。

校勘記

〔一〕如係客户即云係某人客户　此句原闕，據本書卷六「狀式」補。

〔二〕所論人係某鄉村居住　「論」字原闕，據本書卷六「狀式」補。

〔三〕並要真楷書寫　「楷」字原作「揩」，據文意改。

作邑自箴卷第九

判狀印板

其板並於後面落日押字，用訖，以青布袋子封押，付直日手分掌。

推税

本保取承認狀，仍勒齎契帖赴縣。限　日

析户

本耆勘會有無祖父母、父母在堂。如祖父母、父母已死，即今孝服滿與未滿，及有無諸般違礙。如無祖父母、父母及孝服已滿，别無諸般違礙，即許均分，各齎分帳赴縣，仍取鄰保結罪狀申。限　日

落丁

本保勘會的實身死年月日，取鄰保結罪狀申。限　日

佃産

本保打量畝步四至，勘會甚年月日産主身死，有無承分之人，即今何人爲主，與下狀人同赴縣。限　日

索錢物小印子約如手掌大，印於年月日前後空處蓋，狀後自有筆判。

今據所索錢物，寬給日限，須是依限還納。如更拖延，必定勘決。

勸諭牓與戒民庶牓大率相似，或不能刻版，止用佳紙精札，每鄉井寺觀張一本。

余忝命來長是邑，第愧無以及民。朝廷法令，明白頒告郡縣，欲納民於厚。守令職在宣化〔一〕，今採摭風俗之疵者，直書勸言，聞諸鄉黨。

一、農惰則地利薄而衣食不足。既失思慮，致夫身爲竊盗，陷於罪辱者多矣。農

者，生之本也。但勤於耕種，自然豐足，不求於人。

一、邑人修學者少，蓋有可學之材而棄之不教也。大率愚民以經營財利爲先，不知有詩書之貴，宜擇其子弟有性格者，使之就學，爾之門第，光榮可待。

一、父能教子，不能擇其業而教之。爲商販者〔二〕，不如爲工巧。商販者食其財而財有盡，工巧者食其藝而藝無窮也。教子爲工，又不如爲農，工巧浮僞，而農專樸也。

一、所在作社會，祈神禱佛，多端率斂，或爲奇巧之物貢獻寺廟，動經旬月，奔走失業，甚則傷財破産。意在求福禳災而已，因會喧競，返遭刑責者〔三〕，往往有之。求福未必得福，禳災未必無災。神佛正直，世乃欽重，豈利兇惡之徒供獻便增福祥，吉人不能供獻輒貽災禍？此乃愚下之民，不經思慮，爲人瞽惑。又以衆喜成俗，爭氣相高，以不隨衆爲恥。鄉風習慣，不聞至言，終未開悟。爾輩但心行慈孝，自然享福；不作非理，便是禳災。

一、先聖有言：「謹身節用，以養父母，庶人之孝也。」大率愚民不根義理，恣縱其性，懶惰則廢業，疏散則耽酒，貪奪則賭博，爭氣則鬭訟，恃强則相擊，皆不能謹身之過也。身既不謹，則費用無節，財産破散，日用不足，由此冒犯鹽酒之禁，以至屠牛、鑄錢、劫掠爲事，一陷深刑，追悔何及？汝宜念父母之恩，厚重難報，謹身節用，自然家道吉昌。

一、兄弟恩義不輕。或有父母在堂，已各居止或異財本，父母既亡，則争分而興怨，此乃不顧廉恥，貪利忘義者也。汝宜三省之。

一、小人娶妻則論財，以至於失歡，此無恩義者也。婦年長而夫幼，弗合婚姻之理，而家道不正。夫婦，家道之本，不可不正也。

一、頑民以欺詐爲心，不顧敗露之禍，冒耕田土，侵占地界，藏家財以瞞骨肉，寄産業以避差傜，撰造語言，扇摇人衆，虚裝詞訟，煩紊官方。不唯禍速其身，亦爲子孫之患。汝宜省己以務誠實。

一、民有兇悍而好習武藝者，收藏兵器，結集殺奪，便置極刑，小或流配。父母妻子相隨滿獄，救汝不能。此常聞也，宜鑒戒之。

一、豪横兼并之家，放債倍取利息，略無厭足。又於斗秤之間，大收小出，刻剥貧民，取其膏血，以爲歌舞飲博之用。婚姻喪葬，奢僭過度，惡積貫盈，災禍連至。汝宜前思，無致後悔也。

一、推兹過惡，民庶易習而難改。縣令欲教之〔四〕，不能家至户到，惟汝衆耆宿委曲諭之於鄰里親知，使祗縣令之言。無忽。

月日具位押

戒約夫隊頭

知縣事令戒約夫隊頭某人如後：

一、不得斂掠夫衆錢物。

一、點檢合用動使之類，各須如法齊足。

一、揀擇雇召人夫，如有疾病老弱之人，押出頭呈驗。

一、土簍兒，面闊一尺五寸，底闊八寸，深七寸，仍須壯實。擔索須新麻粗打。

一、嚴切指納夫衆，不得喫酒賭錢，及作非違，並喧鬧爭打。

一、夫衆雖未到工役處，亦須於寨内止宿。

一、夫衆有不安者，晝時具姓名申乞醫療。

一、常切點檢火長，如法做造飯食，不得令減刻米麵之類，衷私糶賣。

一、部轄人夫不得驀越，謂如第二隊不得過第一隊。工役處、出寨、歸寨亦依次第。

一、逢見别縣人夫，放令先行〔五〕，不得作鬧。

一、經過州縣鎮市，更須齊整，不得喧鬧。

一、做罷飯食，便令打滅火燭。夜間仍不得留燈。

一、工役處分得地料，須管飽及元拋丈尺。

右畫一約束在前，仰隊頭某人依應遵守。如稍有違，必定依理施行。年月　日具

位　押

校勘記

〔一〕守令職在宣化　「令」字原作「今」，據文意改。

〔二〕爲商販者　「商」字原作「商」，據文意改。下同，徑改不出校。

〔三〕返遭刑責者　「責」字原作「貴」，據文意改。

〔四〕縣令欲教之　「令」字原作「今」，據文意改。

〔五〕放令先行　「令」字原作「今」，據文意改。

作邑自箴拾遺第十

登途須知

必用之物，未行前點。
茶藥勿同籠篋。
藥氣酷烈，無近衣服。
硬物置在篋笥者厚。
雨具常隨身。
籠篋不能禦雨者，預□□□□物。
褊檐繩攀，切須牢壯。
乘驛馬者不可枉路。
罕開籠篋，既鎖加封，仍□□其縫。
初程惜人、馬力。

籠篋夜悉封鎖，仍繫定□□，以防緩急。

投宿先顧屋壁欹損，并視□後床下及僻處。

閉門先周視。

停燈宜僻左。

出語避嫌。

早行勿憑雞聲。

向晚少飲酒。

犯寒不宜早洗面，食後。

早行擇侣，仍居其後。

飲食先以銀鋪之類□□熏，即棄去勿言。

所至詢風土飲啖之宜。

凡居湫隘，出入須快便。

入驛舍，有後至官高或口衆者，讓與佳處。

寓官私舍屋，戒戕賊花木及題毁窗壁。

遭大雹，如跨馬則卸鞍韉，頂戴而坐，庶免損傷。

胃熱以冷水洗面，則生瘡瘰。

家有孕者，所在詢收生之婦。

非親非舊特見顧者，察之。

或有問某人所爲所在，雖知勿告，慮其罔測。

僕使有過，默記之，切勿訶責，或可遣即遣之。

遇貨物不當其價，勿買。

非相知人書信，不可附行。

緩急要用之物，號記其處。

上渡船筏，或人多，宜作番次過之。

騎馬過水，當緩其轡，仍不可視水。若視水則目眩不可坐，視馬鬃爲上。

河凍，須踏冰過，不唯不可乘馬。仍自携一五七尺以上粗棒，未舉步，先叩冰厚薄。或誤踏冰透，急横棒礙之，遂免墜下。

大小車行，帶斧鑿鍬钁，以防急用。江州車仍帶準備耳子，更須附繩檜三五副，以備般剥。

暑月須携臘茶、大蒜、黄臘、烏梅、白礬、川椒、荆芥、硇黄等行。至如薄綿衣披，亦不可闕。葱白寸切，四時皆可携，以備乏水飲也。方在後。

中暍已不省人事者，與冷水喫即死。但且急去衣服，令仰卧頭高，以日中熱沙土或温温爐竈中灰壅之，復以稍熱湯蘸手巾熨腹脅間，良久蘇醒，尤不宜便與冷物吃。

凍死者，以藁薦或氈褥捲定，使人衮之，時時開看。若漸活，即與温粥飲，不可與熱飲食。至如踏雪足凍，止以冷水洗濯。若用熱湯或喫熱物，其指徑落矣。切戒之。

驚怖死者，以温酒一兩杯灌之即活。

冒熱行，常嚼黄蠟一塊，如栗子大，不住咽津，遂免中暑。臘茶亦佳。

魘不省者，移動卧處些子，徐徐唤之，即省。夜間魘者，元有燈，即存燈；元無燈，切不可燈照。

欲騾馬不嘶鳴者，以鹽擦口唇，或以塼石墜尾。

渴無水飲者，爛嚼生葱一寸，可抵二升水力。

奔走極渴，咽乾焞者，呷少麻油即解。每呷止可半茶脚許，過則爲害矣。此爲乏水而設也。

纔覺傷暑，微暖好酒引三五杯，凉處睡，便愈。

備急藥方

凡中蠱毒，或不能語，或頭痛心悲切，或嘔血，但嚼大豆香甜者，急刺雄雞冠，取血半盞許，酒調下立解。

中百藥毒者，取五倍子爛嚼，温水下。爲末調亦佳。

驢涎馬汗入瘡，以烏梅、白礬各一兩許，槌碎，以水一大椀同煎十數沸，淋洗肛道至瘡口，良久再洗。

又方，以頭上垢膩和壁土，貼瘡口上。

湯火傷，以濃酒脚調黄丹塗，日三五次。

手指誤入門鋸鉞子内，取不出，以熱醋淋之，皮皺即出。

又方，以熱灰汁淋之。

塵沙入眼中，以尖筆點濃好墨，抹睛上下即止。

纔覺中暑，爛嚼大蒜一兩瓣，新水送下。

心脾痛，以良薑并餅爐中黑煿，等分爲細末，醋湯調下，一錢。

暴吃逆，但閉氣，良久愈。

魚骨之類鯁喉中，但至心默念云「五順東流」三遍，急呷水或羹湯咽之，立下。若爲他人，即念七遍「入水中」，令呷，亦效。

蔻、去皮。大烏梅、□□呵子各一個一寸。一升同煎，半升熱服。

已成痟渴或暴瀉，宜以三寶丹治之。

半夏〔一〕、生。牡礪、炭火燒。生硫黄以柳木槌研極細。已上等分爲末，用生薑自然汁煮，麵糊和元，如梧桐子大，空心，鹽湯吞下二十元，止瀉米飲下。

打撲傷折

川椒　芍藥　牛膝　自然銅　當歸　金毛狗脊　木鱉子去皮。

已上七味，等分爲末，每一兩白麵一兩拌勻，以童子小便調稀稠，得所用軟紙數重，攤藥在上，裹縛損處，每七日一易，覺乾，以温小便潤之。

蜈蚣蛇蠍等傷，以鬼蓋傅之，切不可近口。鬼蓋，牆陰菌也，又名朝生暮落。

又方，以生鐵於石上磨水，取漿塗之。

漆瘡用桂末，以雞子清調，以雞翎子掃，日三兩次。

又方，煮菘菜湯洗，妙。

淳熙己亥中元浙西提刑司刊

校勘記

〔一〕半夏　「半夏」二字原闕，據醫壘元戎卷二所載三寶丹丹方補。三寶丹「治積冷、暴瀉不止、不嗜飲食」，方爲「半夏、硫磺、牡蠣各等分，右爲細末，薑糊丸，桐子大，朱砂爲衣，生薑湯下二十九丸，空心服」。

附録　諸家題跋

瞿鏞鐵琴銅劍樓藏書目録卷一二

作邑自箴十卷。影鈔宋本。

宋李元弼撰并序。是書論爲政之要，自一至四卷分正己、治家、處事三門，凡一百三十餘條。其下四卷列規矩一門，百有餘條。第九卷爲判狀印板，第十卷爲登途須知、備急藥方。作於政和中，刊於淳熙中，傳本甚稀。見直齋書録、文淵閣書目。卷末有「淳熙己亥中元浙西提刑司刊」一條，每半葉十一行，行十九字。舊爲稽瑞樓藏本。

張金吾愛日精廬藏書志卷一八

作邑自箴十卷。抄本，從陳君子準藏本傳録。

宋李元弼撰。述爲政之要，莅論民之方，極爲核備。雖篇帙無多，而條目詳盡，區畫分明，固司牧者之矜式也。末卷曰登途須知，曰備急藥方，亦行路所必需者。直齋書録解題、文淵閣書目、世善堂書目俱著録。末頁有「淳熙己亥中元浙西提刑司刊」兩行，蓋從宋刊本影寫者。（整理者按：下爲李元弼自序，從略）

傅增湘藏園訂補郘亭知見傳本書目卷六史部十二

〔增〕作邑自箴十卷。宋李元弼撰。自序末題「政和丁酉秋七月，李元弼持國（傳）〔待〕次廣〔陵〕書」。○明錢穀影宋抄本，第十卷尾行云：「淳熙己亥中元浙西提刑司刻。」自序末題云：「甲戌八月，假趙氏宋刻本覆一過，錢穀記。」十卷尾記云：「康熙丙寅中秋前四日，覯菴陸貽典在愛石書删改。」○同治初，丁禹生獲此本於蘇州，曾以活字印數本，舛錯難行。○郘亭以元抄校存一本。此書四庫未收。

〔補〕○影寫宋淳熙刊本，十一行十九字，白口，左右雙闌，卷末有「淳熙己亥中元浙西提刑司刊」二行。有張蓉鏡藏印，徐乃昌藏。

張元濟跋

是書見於直齋書録解題及明文淵閣、世善堂兩書目。常熟陳子準依宋本傳録，繼入於鐵琴銅劍樓。卷首有李元弼自序，作於廣陵，時爲政和丁酉。是本卷末有「淳熙己亥中元浙西提刑司刊」二行，距成書時已六十餘年。是必當時重視茲書，可爲牧令圭臬，故由官署覆刻，俾膺民社者有所取法也。篇中於刑獄、賦税、户口、田土、買賣官物、約束耆壯諸事，紀述特詳，可以考見當時社會情狀。且爲北宋人著述，又四庫所未收，故特印行，俾免湮没。海鹽張元濟。

官箴

〔宋〕吕本中 撰

閆建飛 點校

點校説明

官箴一卷，宋呂本中（生於元豐七年，即一〇八四年，卒於紹興十五年，即一一四五年）撰。本中字居仁，宋哲宗朝宰相呂公著曾孫，名臣呂好問之子，世稱東萊先生。本中以蔭補起家承務郎，歷官濟陰縣主簿、大名府路安撫司幹辦官等。宣和六年（一一二四）遷樞密院編修官，改職方、祠部員外郎。紹興六年（一一三六），特賜進士出身，擢起居舍人兼中書舍人；七年，直龍圖閣；八年，遷中書舍人，即官箴繫銜之紫微舍人。紹興和議後，爲宰臣秦檜排擠，提舉宫觀。紹興十五年卒。據宋史本傳，本中「有詩二十卷，得黄庭堅、陳師道句法，春秋解一十卷，童蒙訓三卷，師友淵源録五卷，行于世」。

呂本中長期在地方和中央任職，所作官箴實爲其歷官心得。該書共三十三則，應係當時隨手所記，並無意於成書單行，爲其後人收入呂氏家範中。寶慶三年（一二二七）陳昉所刻爲目前所知最早刊本。宋度宗咸淳九年（一二七三）左圭輯刻百川學海，就以陳昉所刻爲底本，並在書末附有陳昉之跋。宋刻百川學海本爲流傳至今最早刊本，也是後世諸多刊本之源頭。元末明初陶宗儀編輯説郛，明成化四年（一四六八）謝廷桂刊刻是書，弘治十四年（一五〇一）華珵重刻百川學海，所據均爲宋刻百川學海本。清乾隆年間修四庫全書，其官箴底本爲鮑士恭家藏本。覈之吴慰祖四庫採進書目，知鮑士恭進呈者，亦爲百川學海本。嘉慶九年（一八〇四）張海鵬刻學津討原，道光十五年（一八三五）劉際清刻青照堂叢書，均收録官箴，其底本亦爲百川學海本。

傳世官箴版本，基本均源自左圭百川學海本，版本差異甚小。故本次整理以影宋百川學海本爲底本，校以青照堂本、學津討原本、文淵閣四庫全書本等。條目段落，一仍原本之舊。書末附有宋史吕本中本傳及書目題跋，以裨研究之用。

官箴

當官之法，唯有三事：曰清，曰慎，曰勤。知此三者，可以保禄位，可以遠耻辱，可以得上之知，可以得下之援。然世之仕者，臨財當事不能自克，常自以爲不必敗。持不必敗之意，則無所不爲矣。然事常至於敗，而不能自已，故設心處事，戒之在初，不可不察。借使役用權智，百端補治，幸而得免，所損已多，不若初不爲之爲愈也。司馬子微坐忘論云：「與其巧持於末，孰若拙戒於初。」此天下之要言、當官處事之大法，用力簡而見功多，無如此言者。人能思之，豈復有悔吝耶！

事君如事親，事官長如事兄，與同僚如家人，待群吏如奴僕，愛百姓如妻子，處官事如家事，然後爲能盡吾之心。如有毫末不至，皆吾心有所未盡也。故事親孝，故忠可移於君；事兄弟，故順可移於長；居家理，故治可移於官〔一〕。豈有二理哉！

當官處事，常思有以及人，如科率之行，既不能免，便就其間求其所以使民省力，不使重爲民害，其益多矣。不與人争者，常得利多；退一步者，常進百步；取之廉者，得之常過其初；約於今者，必有垂報於後，不可不思也。惟不能少自忍者必敗，此實未知利害之分、賢愚之别也。

予嘗爲泰州獄掾，顔岐夷仲以書勸予治獄次第，每一事寫一幅相戒。如夏月取罪人，早間在西廊，晚間在東廊，以辟日色之類。又如獄中遣人勾追之類，必使之畢此事，不可更别遣人，恐其受賂已足，不肯畢事也。又如監司、郡守嚴刻過當者，須平心定氣，與之委曲詳盡，使之相從而後已。如未肯從，再當如此詳盡，其不聽者少矣。

當官之法，直道爲先。其有未可一向直前，或直前反敗大事者，須用馮宣徽、惠穆秤停之説。此非特小官然也，爲天下國家當知之。

黄兑剛中嘗爲予言，頃爲縣尉，每遇檢尸，雖盛暑亦先飲少酒，捉鼻親視。人命至重，不可避少臭穢，使人横死無所申訴也。

范侍郎育作庫務官，隨人箱籠只置廳上，以防疑謗。凡若此類，皆守臣所宜詳知也。

當官既自廉潔，又須關防小人。如文字曆引之類，皆須明白，以防中傷。不可不至慎，不可不詳知也。

當官者難事勿辭，而深避嫌疑，以至誠遇人，而深避文法。如此，則可以免。

前輩常言，小人之性，專務苟且，明日有事，今日得休且休。當官者不可徇其私意，忽而不治。諺有之曰「勞心不如勞力」，此實要言也。

徐丞相擇之嘗言，前輩盡心職事。仁廟朝有爲京西轉運使者，一日見監窯官問：「日所燒柴凡幾竈？」曰：「十八九竈。」曰：「吾所見者十一竈，何也？」窯官愕然。蓋轉運使者晨起望窯中所出煙幾道知之，其盡心如此。

前輩嘗言，吏人不怕嚴，只怕讀。蓋當官者詳讀公案，則情僞自見，不待嚴明也。當官者，凡異色人，皆不宜與之相接，巫祝、尼媪之類尤宜疏絶，要以清心省事爲本。

後生少年，乍到官守，多爲猾吏所餌，不自省察所得毫末，而一任之間，不復敢舉動。大抵作官嗜利，所得甚少，而吏人所盜不貲矣。以此被重譴，良可惜也。

當官者先以暴怒爲戒，事有不可，當詳處之，必無不中。若先暴怒，只能自害，豈能害人？前輩嘗言：「凡事只怕待。」待者，詳處之謂也，蓋詳處之，則思慮自出，人不能中傷也。

嘗見前輩作州縣或獄官，每一公事難決者，必沉思静慮累日，忽然若有得者，則是非判矣。是道也，惟不苟者能之。

處事者不以聰明爲先，而以盡心爲急；不以集事爲急，而以方便爲上。

孫思邈嘗言：「憂於身者不拘於人，畏於己者不制於彼，慎於小者不懼於大，戒於近者不侈於遠，如此則人事畢矣。」實當官之要也。

同僚之契，交承之分，有兄弟之義，至其子孫亦世講之。前輩專以此爲務，今人知之者蓋少矣。又如舊舉將及舊嘗爲舊任按察官者，後己官雖在上，前輩皆避坐下坐。風俗如此，安得不厚乎。

叔曾祖尚書當官至爲廉潔。蓋嘗市縑帛，欲製造衣服，召當行者取縑帛，使縫匠就坐裁取之，并還所直錢與所剩帛，就坐中還之。滎陽公爲單州，凡每月所用雜物悉書之庫門，買民間未嘗過此數，民皆悦服。關沼止叔獲盜，法當改官，曰：「不以人命易官。」終不就賞，可謂清矣，然恐非通道。或當時所獲盜有情輕法重者，止叔不忍以此被賞也。

當官取傭錢、般家錢之類，多爲之程而過受其直，所得至微，所喪多矣。亦殊不知此數，亦吾分外物也。

當官者前輩多不敢就上位求薦章，但盡心職事，所以求知也。心誠盡職，求之雖不中不遠矣，未有學養子而後嫁者也。當官遇事以此爲心，鮮不濟矣。

畏辟文法，固是常情。然世人自私者，常以文法難任，委之於人。殊不知人之自私，亦猶己之自私也。以此處事，其能有濟乎？其能有後福乎？其能使子孫昌盛乎？

當官處事，務合人情。「忠恕」違道不遠，觀於己而得之，未有舍此二字而能有濟者也。嘗有人作郡守，延一術士同處書室，後術士以公事干之，大怒叱下，竟致之理，杖背編置。招延此人，已是犯義，既與之稔熟，而干以公事，亦人常情也，不從之足矣，而治之如此之峻，殆似絶滅人理。

嘗謂仁人所處，能變虎狼如人類，如虎不入境不害物、蝗不傷稼之類是也。如其不然，則變人類如虎狼，凡若此類，及告訐、中傷、謗人，欲寘於死地是也。唐充之廣仁，賢者也，深爲陳、鄒二公所知。大觀、政和間守官蘇州，朱氏方盛，充之數刺譏之，朱氏深以爲怨，傅致之罪。劉器之以爲充之爲善欲人之見知，故不免自異以致禍患，非明哲保身之謂。

當官大要，直不犯禍，和不害義，在人消詳斟酌之爾。然求合於道理，本非私心專爲己也。

當官處事，但務着實，如塗擦文書、追改日月、重易押字，萬一敗露，得罪反重，亦非所以養誠心、事君不欺之道也。百種姦僞，不如一實；反覆變詐，不如慎始；防人疑衆，不如自慎；智數周密，不如省事，不易之道。事有當死不死，其詬有甚於死者，後亦未免死；當去不去，其禍有甚於去者，後亦未必得安。世人至此多惑亂失常，皆不知輕重義之分也。此理非平居熟講，臨事必不能自立，不可不預思。古之欲委質事人，其父兄日夜先以此教之矣。中材以下，豈臨事一朝一夕所能至哉。教之有素，其心安焉，所謂有所養也。

忍之一事，衆妙之門，當官處事，尤是先務。若能清、慎、勤之外，更行一忍，何事不辦？書曰：「必有忍，其乃有濟。」此處事之本也。諺曰：「忍事敵災星。」少陵詩云：「忍過事堪喜。」此皆切於事理，爲世大法，非空言也。王沂公常説：「喫得三斗釅醋，方做得宰相。」蓋言忍受得事。

劉器之建中崇寧初知潞州，部使者觀望，治郡中事無巨細皆詳考，然竟不得毫髮過，雖過往驛券亦無違法予者，部使者亦歎伏之。後居南京，有府尹取兵官白直點磨，他寓居無有不借禁軍者，獨器之未嘗借一人，其廉慎如此。

故人龔節亨彦承嘗爲予言：「後生當官，其使令人無乞丐錢物處，即此職事可爲；有乞丐錢物處，則此職事不可爲。」蓋言有乞丐錢物處，人多陷主人以利，或致嫌疑也。

前輩嘗言：「公罪不可無，私罪不可有。」此亦要言，私罪固不可有，若無公罪則自保太過，無任事之意。

范忠宣公鎮西京日，嘗戒屬官，受納租稅不要令兩頭探。或問何謂，公曰：「賢問是也，不要令人户探官員等候，受納官員不要探納者多少，然後入場，此謂兩頭探。但自絕早入場等人户，則自無人户稽留之弊。」

校勘記

〔一〕故治可移於官 「治」字原作「事」，據文淵閣四庫全書本改。

附録一　宋史卷三七六呂本中傳

呂本中字居仁，元祐宰相公著之曾孫、好問之子。幼而敏悟，公著奇愛之。公著薨，宣仁太后及哲宗臨奠，諸童穉立庭下，宣仁獨進本中，摩其頭曰：「孝於親，忠於君，兒勉焉。」

祖希哲師程頤，本中聞見習熟。少長，從楊時、游酢、尹焞遊，三家或有疑異，未嘗苟同。以公著遺表恩，授承務郎。紹聖間，黨事起，公著追貶，本中坐焉。元符中，主濟陰簿、秦州士曹掾，辟大名府帥司幹官。宣和六年，除樞密院編修官。靖康改元，遷職方員外郎，以父嫌奉祠。丁父憂，服除，召爲祠部員外郎，以疾告去。再直秘閣，主管崇道觀。

紹興六年，召赴行在，特賜進士出身，擢起居舍人兼權中書舍人。内侍李琮失料曆，上以潛邸舊人，不用保任特給之。本中言：「若以異恩別給，非所謂『宫中府中當爲一體』者。」上見繳還，甚悦，令宰臣諭之曰：「自今有所見，第言之。」

監階州草場苗亘以贓敗，有詔從黥，本中奏：「近歲官吏犯贓，多至黥籍，然四方之遠，或有枉濫，何由盡知？異時察其非辜，雖欲拉拭，其可得乎？若祖宗以來此刑當用，則紹聖權臣當國之時，士大夫無遺類久矣。願酌處常罰，毋令姦臣得以藉口於後世。」從之。

七年，上幸建康，本中奏曰：「當今之計，必先爲恢復事業，求人才，卹民隱，講明法度，詳審刑政，開直言之路，俾人人得以盡情。然後練兵謀帥，增師上流，固守淮甸，使江南先有不可動之勢，伺彼有釁，一舉可克。若徒有恢復之志，而無其策，邦本未强，恐生他患。今江南、兩浙科須日繁，閭里告病，倘有水旱乏絶，姦宄竊發，未審朝廷何以待之？近者臣庶勸興師問罪者，不可勝數，觀其辭固甚順，考其實不可行。大抵獻言之人，與朝廷利害絶不相侔，言不酬，事不濟，則脱身而去。朝廷施設失當，誰任其咎？鷙鳥將擊，必匿其形，今朝廷於進取未有秋毫之實，所下詔命，已傳賊境，使之得以爲備，非策也。」又奏：「江左形勢如九江、鄂渚、荆南諸路，當宿重兵，臨以重臣。吴時謂西陵、建平，國之藩表，願精擇守帥，以待緩急，則江南自守之計備矣。」

内侍鄭諶落致仕，得兵官。本中言：「陛下進臨江滸，將以有爲，今賢士大夫未能顯用，巖穴幽隱未能招致，乃起諶以統兵之任，何邪？」命遂寢。引疾乞祠，直龍圖閣、知台州，不就，主管太平觀。召爲太常少卿。

八年二月，遷中書舍人。三月，兼侍講。六月，兼權直學士院。金使通和，有司議行人之供，本中言：「使人之來，正當示以儉約，客館芻粟若務充悦，適啓戎心。且成敗大計，初不在此，在吾治政得失，兵財强弱，願詔有司令無乏可也。」

初，本中與秦檜同爲郎，相得甚歡。檜既相，私有引用，本中封還除目，檜勉其書行，卒不從。趙鼎素主元祐之學，謂本中公著後，又范沖所薦，故深相知。會哲宗實録成，鼎遷僕射，本中草制，有曰：「合晉、楚之成，不若尊王而賤霸；散牛、李之黨，未如明是以去非。」檜大怒，言于上曰：「本中受鼎風旨，伺和議不成，爲脱身之計。」風御史蕭振劾罷之。提舉太平觀，卒。學者稱爲東萊先生，賜謚文清。

有詩二十卷，得黄庭堅、陳師道句法，春秋解一十卷，童蒙訓三卷，師友淵源録五卷，行于世。

附録二　諸家題跋

陳昉跋

昉顓蒙之資，蚤膺吏事，塵囂馳騖，無所津梁，既得此書，稍知自勉，敬鋟於梓，與有志者同之。寶慶丁亥歲三月既望永嘉陳昉謹書。

王與思軒文集卷三官箴序

國子祭酒河東邢公遜之既刻宋吕舍人所著官箴，其鄉人常州貳守謝君庭桂得而閲之，謂誠有官者龜鑑。然公所授，止於諸生之始入仕者，若其已仕與仕由他途進者，未能徧及，遂謀翻刻以廣傳之，屬予一言爲引。

夫自成湯制官刑以儆有位，成王作周官以訓厥官。三代盛時，多士彙征，惟賢惟能，官不必備，然猶告戒之嚴明、誨諭之諄(複)〔復〕如此。大猷既遠，人僞滋熾，分職授任，日以冗劇，而必欲其黽勉修舉以無曠厥官、隳厥事，是誠有待於箴規之作也。夫藉箴規以自警，士知自好者所不敢忽，況士而仕者乎？有職守之司，政務之寄，果能致謹於斯以警怠忽，窒嗜欲，閑邪妄，由一念之微以至於周萬慮，由一事之小以至於總百度，儼乎師友之切劘，肅乎繩墨之檢束，庶幾無辱身喪名、妨政而害治者，則是編之有益於人，非小補也。舍人仕宋，當宣和、靖康間，屢有建白。其真拜西掖也，嘗以切直忤權貴，雖一斥不復，而講明道要，超然有得，出此緒餘，具訓蒙士，其在當時已爲紫陽夫子之所采録。逊之乃取而表章之，而庭桂復梓行焉。蓋其不掩人善及與人爲善之心，古今同一道也。自時厥後，三事大夫有能敬爾有官，亂爾有政，以佑乃辟，永康兆民，其功崇業廣，進與商周諸臣相媲美。回視舍人之所遭遇有不侔者，則是編也，豈徒有益於人，不尤有益於天下國家也哉？

高儒百川書志卷九

官箴一卷，宋紫微舍人吕本中著。此好事人於家範中鈔出者，如樵談於梅屋獻醜集、心鑑警語於事林廣記鈔出，不可枚舉，必各有所主也。

文淵閣四庫全書本官箴書前提要

臣等謹案：官箴一卷，宋吕本中撰。本中有春秋集解，已著録。此乃其所著居官格言，凡三十三則。宋史本中列傳備列其著作之目，不載是書，然藝文志雜家類中乃著録一卷。此本載左圭百川學海中，後有寶慶丁亥永嘉陳昉跋，蓋即昉所刊行。或當日偶然題記，如歐陽修試筆之類，本非有意於著書，後人得其手稿，傳寫鐫刻，始加標目，故本傳不載歟？本中以工詩名家，然所作童蒙訓於修己治人之道，具有條理，蓋亦留心經世者，故此書多閱歷有得之言，可以見諸實事。書首即揭清、慎、勤三字以爲當官之法，其言千古不可易。王士禎古夫于亭雜録曰：「上嘗御書清、慎、勤三大字刻石，賜内外諸臣。案此三字吕本中官箴中語也。」是數百年後尚蒙聖天子採擇其説，訓示百官，則所言中理可知矣。至其論不欺之道，明白深切，亦足以資儆戒。雖篇帙無多，而詞簡義精，固有官者之龜鑑也。

乾隆四十五年九月恭校上。

總纂官臣紀昀、臣陸錫熊、臣孫士毅，總校官臣陸費墀。

范邦甸天一閣書目卷二

官箴一卷，刊本。宋紫微舍人吕本中著。明成化己丑河東謝廷桂跋云：「成化戊子，予奉表入京，謁大司成邢先生，授吕舍人官箴一帙。予歸刻諸郡校。」王倎、邢讓、陸簡皆有序。

鐵琴銅劍樓藏書目録卷十二

官箴一卷，明刊本。宋吕本中撰。此明成化戊子河東邢遜之讓爲國子監祭酒，手寫以刻，書兼行楷，古雅可愛。讓有後跋。

周中孚鄭堂讀書記卷二十八

官箴一卷，百川學海本。宋吕本中撰。本中字居仁，好問之子。紹興六年賜進士，擢起居舍人，八年遷中書舍人，兼侍講殿（整理者按：「殿」字當衍），直學士院。四庫全書著録，宋志雜家類。亦載之，而本傳不載。蓋宋史志、傳每載一人著作，往往彼此有詳略，不足爲異。後有寶慶丁未永嘉陳昉識語，蓋早有别行之本矣。所載皆當官之法，凡三十三則。篇帙無多，而語皆明切，雖曰「官箴」，而實非揚雄百官箴但作四言、無裨實用可比。此其所以爲吏治之津梁、而官方之龜鑑也。其書開端即曰「當官之法，唯有三事：曰清，曰慎，曰勤。知此三者，可以保禄位、遠耻辱」云云，亦有所本。案，王隱晉書載李秉家誡云：「共侍坐於先帝，時有三長吏俱見。臨辭出，上曰：『爲官長當清、當慎、當勤，修此三者，何患不治？』」見魏志李通傳注。秉所稱先帝者，司馬昭也。昭雖篡弑之賊，而其言千古不可易。然使稱此三語出於司馬昭，恐不足以使人聽信，既吕氏首言及之，即謂出於吕氏可也。君子不以人廢言，蓋此之謂。但孔子所謂人，豈指篡國弑君之人哉！是編説郛、學津討原亦收入之。

傳增湘藏園訂補郘亭知見傳本書目卷六史部十二

官箴一卷。宋吕本中撰。○明成化戊子邢讓重刻本。○説郛本。○百川學海本。○學津討原本。○宋寶祐丁亥刻本。

〔補〕○宋咸淳刊百川學海本，十二行二十字，細黑口，左右雙闌。余藏。○明弘治十四年華珵刊百川學海本，十二行二十字，白口，左右雙闌，余藏。○明嘉靖十五年鄭氏宗文堂刊百川學海本，十四行二十八字，白口，左右雙闌。○明鈔説郛本，十三行二十四字，在卷六九，余藏。○清初宛委山堂刊説郛本，九行二十字，白口，左右雙闌。○清嘉慶十年張海鵬氏照曠閣刊學津討原本，九行二十一字，黑口，左右雙闌。

州縣提綱

〔宋〕佚　名　撰
張亦冰　點校

點校説明

州縣提綱四卷，不著撰人。明文淵閣書目稱宋陳襄所作，四庫館臣已辨其誤：

襄所著古靈集尚傳於世，無一字及此書……書内有紹興二十八年語，又有昔吕惠卿、昔劉公安世語，考襄卒於元豐三年，距南渡尚遠，不應載及紹興。且劉、吕皆其後進，不應稱昔，其非襄撰明甚。〔一〕

元人吴澄曾爲是書作序，然亦不詳撰者爲誰，僅稱「前修」。

州縣提綱作者雖不詳，但從内容來看，其爲南宋人所作當無疑問。是書清以前傳本甚稀，遂初堂書目、郡齋讀書志、直齋書録解題、宋史藝文志等均未著録。目前所知最早的刊本爲元朝江西贛州人黎志遠雕印。該刊本後收入明初永樂大典，清修四庫全書時，館臣自大典輯出。大典本作爲傳世最早刊本，爲此後諸本之源頭。清中期李調元所刻函海叢書、張海鵬所編學津討原、吴坤修所雕半畝園叢書等所收之州縣提綱，均源自大典本。

根據以上情況，本次整理，以大典本即文淵閣四庫全書本爲底本，校以較早又比較常見的函海本、學津討原本。條目段落，一仍原本之舊。書末附有書目題跋，以供參考。此外，需要説明的是，文中案語皆爲底本所有，非整理者所加。

注　釋

〔一〕永瑢四庫全書總目卷七九史部職官類州縣提綱，中華書局一九六五年影印浙江書局本，頁六八六。

吴澄州縣提綱序

天子者〔一〕，天下之人牧，治之不能徧也，於是命州縣之官，分土而治其民，其責任不亦重乎。而近年多不擇人，或貪黷，或殘酷，或愚暗，或庸懦，往往惟利己是圖，豈有一毫利民之心哉！嗚呼，何辜斯民而使此輩魚肉之也！吾鄉姜曼卿録事仕於閩，忍貧自潔，遇事必究底藴，惻然惟恐傷於民。前修所編州縣提綱一書，手之不置，蓋與其意無一不合故也。章貢黎志遠復爲鋟木，以廣其傳。嗚呼，州縣親民之官，人人能遵是書而行之，民其庶幾乎！曼卿之持身固謹，而志遠之用心亦仁矣。安得如此持身、如此用心者，佈滿天下州縣哉！

校勘記

〔一〕天子者 「者」字原作「以」，據吴文正集卷十九州縣提綱序改。

州縣提綱卷一

潔己

居官不言廉，廉蓋居官者分内事。孰不知廉可以服人，然中無所主，則見利易動。其天資黷貨，竊取於公，受賂於民，略亡忌憚者，固不足論。若夫稍知忌憚者，則曰：「吾不竊取於公、受賂於民，足矣。」吏呈辭訟，度有所取，則曲從書判；未幾責置縑帛，虚立領直，十不償一；私家飲食，備於市買，縱其强掠於市，不酬其錢；役工匠，造器用，則不給衣食；勒吏輪具，以至燈燭樵薪，責之吏典。似此者不一而足。雖欲避竊取、受賂之名，不知吏之所得，非官司欺弊，則掊民膏脂，吾取於此，與竊取受賂何異？盍思人生貧富，固有定分，越分過取，此有所得，彼必有虧。況明有三尺，一陷貪墨，終身不可洗濯。故可饑、可寒、可殺、可戮，獨不可一毫妄取。苟有一毫妄取，雖有奇才異能，終不能以善其後。故爲官者當以廉爲先，而能廉者必深知分定之説。

平心

事惟公平可以服人心。或者畏首畏尾，欲爲自全之計，每憚豪强之劫持，至於曲法狥情，使小民有冤而亡告。有欲矯是弊者，又一切以抑强扶弱爲主，而不問乎理之曲直。不知富室之賢而安分者固多，貧民亦有無顧藉而爲惡者。在我不先平其心，而有意於抑强扶弱，則富者憎而不知其善，貧者愛而不知其惡。其弊必至於佃者得以抗主，無藉之人得以陵辱衣冠，甚而奸猾之徒有故爲襤褸之狀，以欺有司者。要之，天下之事，惟其是而已。詎可必於抑强，亦豈可必於治弱？惟平心定氣，因是非而論曲直，則事不失之偏，而人心得其平矣。

專勤

今日自一命以上，孰不知作邑之難。既知其難，要當專心致志，朝夕以思，自邑事外，一毫不可經意，如聲色飲燕不急之務，宜一切屏去。蓋人之精力有限，溺於聲色燕飲，則精力必減，意氣必昏，肢體必倦，雖欲勤於政而力不逮，故事必廢弛，而吏得以乘間爲欺。昔劉元明政爲天下第一，問其故，則不過曰：「日食一升飯，不飲酒，爲作縣第一策。」誠哉是言。

奉職循理

爲政先教化而後刑責，寬猛適中，循循不迫，俾民得以安居樂業，則歷久而亡弊。若矜用才智，以興立爲事，專尚威猛以擊搏其民，而求一時赫赫之名，其初固亦駭人觀聽，然多不能以善後。歷觀古今，其才能足以蓋衆者固多矣，然利未及民而所傷者已多。故史傳獨有取於循吏者，無他，索隱所謂「奉職循理，爲政之先」案，此文乃司馬貞史記索隱述贊中語。是也。

節用養廉

仕宦有俸給之薄者，所得不償所用。貲産優厚，猶有可諉；若貲産微薄，悉藉俸給，而乃用度不節，日用、飲食、衣服、奴婢之奉，便欲一一如意，重之以嫁娶之交迫，必至窘乏。夫平昔奢侈之人，一旦窘乏，必不能堪，窺竊之心繇是而起。猾吏彌縫其意，又從而餌之，一旦事露，失位辱身，追悔莫及。故欲養廉，莫若量其所入，節其所用。雖粗衣糲食，節澹度日，然俯仰亡媿，居之而安，履之而順，其心休休，豈不樂哉。

勿求虚譽

有實必有名，虚譽暴集，則毁言隨至矣。居官有欲沽虚譽而覬美職者，民本安静，必欲興事改作，以祈上官之知；奸猾當治，必欲曲法庇護，以悦小人之意。以至修飾厨傳，厚賂過客，甚則爲矯激不情之事。外欲釣君子之名，而内實市輩之不若。此心一起，則朝夕之所以經營擾擾者，無非爲名，其實亡一毫實利及下。非惟名不可得，且適足爲識者之譏。豈知官職固自有分，詎可以沽名得？是是非非，久而自定，要當盡其在我，而民被實惠，足矣。

防吏弄權

胥吏之駔儈奸黠者，多至弄權。蓋彼本爲賕賂以優厚其家，豈有公論？若喜其駔儈而稍委用之，則百姓便以爲官司曲直皆出彼之手。彼亦妄自誇大以驕人，往往事亡巨細俱輻湊之，甚至其門如市，而目爲立地官人者。彼之賄賂日厚，而我之惡名日彰，殊不知官長本不知也。凡事宜自察其實，自執其權，不可徇吏。

同僚貴和

同僚宜和，而不和者多起於廳吏之間諜。彼此胸中藴蓄，不曾吐露，至有一發而遽傷和氣，不可不察。始至，須明以此相告，語凡有嫌疑，宜悉而白，毋包藏怒心，以中廳吏之奸計。間有兇險不可告語者，宜待之以禮而優容之，使彼潛消其狠戾，足矣。若戛戛焉與之相較於是非之間，則我與彼一等人耳。

防閑子弟

凡在官守，汩於詞訟，窘於財賦，困於朱墨，往往於閨門之内，類不暇察，至有子弟受人之賂而不知者。蓋子弟不能皆賢，或爲吏輩誘以小利，至累及終身。昔王元規爲河清縣，軍民歌詠，以「民吏不識知縣兒」爲第一奇。蓋子弟當絶見客，勿出中門，仍嚴戒吏輩不得與之交通，又時時密察之，庶幾亡弊。不然，則禍起蕭墻矣。

嚴内外之禁

閨門内外之禁，不可不嚴。若容侍妾令妓輩教以歌舞，縱百姓婦女出入貿易機織，日往月來，或啟子弟姦淫，或致交通關節。蓋外人覘其出入深熟，囑之以事，彼有所受，訟至有司，事干閨門，尤難施行。要在責閽人禁止，仍常加察，不然，恐有意外之事。

防私覿之欺

凡醫術遊謁之士，固不能絶其謁見，然謁見之數，不能亡嫌。間有私覿者，必接於公廳，蓋十目所視，可防其妄以關節欺人。頃年嘗覩一術士，受賂於袖，詐言以與官人，傍則令所賂之人遠觀。彼見其接之私室，與之私語，以爲誠然。迨至興訟，無以自明矣。

戒親戚販鬻

士大夫閑居時，親戚追陪，情意稠密。至赴官後，多私販貨物，假名匿税，遠至官所以求售。居官者以人情不可却，或館之廨舍，或送之寺觀，以其貨物分之人吏，責之牙儈，而欲取數倍之利，甚則縱其交通關節，以濟其行。一旦起訟，咎將誰歸？要當戒之於未至之先。或有爲貧而來者，宜待之以禮，遺之以清俸，亟遣之歸，毋令留滯。

責吏須自反

今之爲官者，皆曰：「吏之貪不可不懲，吏之頑不可不治。」夫吏之貪頑，固可懲治矣，然必先反諸己以率吏。夫富者不爲吏，而爲吏者皆貧。仰事俯育，喪葬嫁娶，凡欲資其生者，與吾同耳，亡請給於公，悉藉贓以爲衣食。士大夫受君之命，食君之禄，尚或亡厭而竊於公，取於民；私家色色勒吏出備，乃反以彼爲貪、爲頑，何耶？故嘗謂惟圭璧其身，纖毫無玷，然後可以嚴責吏矣。

燕會宜簡

爲縣官者，同僚平時相聚，固有效郡例，厚爲折俎，用妓樂倡優，費率不下二三十緡者。夫郡有公帑，於法當用，縣家無合用錢，不過勒吏輩均備耳。夫吏之所出，皆民膏脂，以民之膏脂，而奉吾之歡笑，於心寧亡媿？兼彼或匱乏，典衣質𥜥，以脱捶楚。吾雖歡笑於上，而彼乃蹙額於下。況郡有郡將，如家有嚴君，子弟不敢狎。縣家同僚，彼此如兄弟，用妓之數必至於褻，終招謗議。故縣官於公退休沐之暇，宜以清俸爲文字飲，不妨因而商榷職事。物雖不足，而情有餘矣。

吏言勿信

爲政中和，則百姓有所恃，雖不囑吏，其心不恐，故吏大率多欲長官用嚴，嚴則人畏其不測，彼得乘勢以挾厚賂。如催科本寬，彼則獻説曰：「今虧常賦若干，寬則人玩而弗輸。」故長官之信吏者，必轉而爲嚴。及彼得賂，則催科遲滯，而彼亦不問矣。期限本寬，彼則獻説曰：「是民俗素頑，寬則人玩而不畏。」故長官之信吏者，必轉而爲嚴。及彼得賂，則限期違戾，而彼亦不問矣。故凡吏有獻説者，須察其可行，不可遽聽。要在寬嚴適中，則亡弊矣。

時加警察

治一縣者，須一縣事皆在胸次；治一州者，須一州事皆在胸次。蓋州縣事繁，易至遺忘，留意者曉臥多不安枕，當反復致思：今日有某訟事，當若何剖決；上司有某限期，當若何報聞；禁繫有何人當釋；財賦有何色當解。晨出，則擇要緊者記録於牌，寘之坐隅，起處以對。仍掌以廳吏，隨畢隨銷，暮則呈其所記未畢者，録於次日。當公退無事，又時時警省，則政事無廢弛，限期無違戾，禁繫無冤民，賦財無稽緩，而公家事辦矣。

晨起貴早

被底放衙，昔者嘗以爲戒。凡當繁劇，要須遇雞鳴即起。行之有常，則凡事日未昃俱辦，而一日優遊閒暇矣。倦於起早，或遇賓客過從，往來迎送，奪其日力，則一日之事俱不辦。一日之事不辦，則明日之事益多。況凌晨神氣清爽，心無昏亂，故早起亦爲官第一策。昔魯文伯母言卿大夫一日勤事之節，曰「朝考其職」。然則古人亦審此久矣。

事無積滯

公事隨日而生。前者未決，後者繼至，則所積日多，坐視廢弛，其勢不得不付之胥吏矣。凡文書之呈押，與訟事之可剖決者，要當隨日區遣，無致因循。行之有準，則政有條理，事無留滯，終於簡静矣。

情勿壅蔽

受狀當有定日，否則門禁稍嚴，或被劫奪，急投追捕，或因垂命，急欲責詞，或被重傷，急欲驗視，多阻於閽人，而情不得達。兼有倦於出廳者，吏鴈鶩行，終日抱成案伺於階前，幸其一出，紛拏呈押。或復憚其繁冗，往往漫不加省，不過隨其手適〔一〕，俛首書字而已，民何賴焉？公廳衩袓非宜，宜於公廳之側，辟一室通内外，聽訟於斯，飲食於斯，讀書染翰於斯。嚴戒閽人，俾民吏凡有警者，非時皆許直造，則情無壅蔽，事無稽滯。若晝居於内，俾吏民欲見其面而不可得者，誠當官之大戒。

四不宜帶

親隨僕，若醫、卜〔二〕，若僧、道，四者俱不宜帶。夫彼之隨來，其意必有所覬。人見其親密，往往有掣肘事，多宛轉囑之。彼固自知其不敢言，然意在罔利，不得不設辭以相誑。或僥倖偶中，則人必以爲真此輩通關節；不中，則取賂至訟，在我無以自明矣。況親隨僕，寘之於中門之内，則往來之亡禁，妾婢之交雜，誠爲難防；寘之於外，則入酒肆，游妓館，交通吏民，靡所不至。誠不若不帶之爲善。

三不行刑

一我醉，二彼醉，三羸瘠。蓋我醉而行刑，則易至過誤，傍觀必以爲使酒。彼醉而行刑，則醉中忿怒，不知守分，或無禮過甚，則事干刑憲，難於施行。羸疾者多因監繫日久，飲食不時，僅存皮骨，若遽加刑，必有斃於杖下者。須資以飲食，俟其稍蘇，然後杖之。其他如夜不行刑，病不行刑，有法令在。

俸給無妄請

俸給、茶湯有定制，職田、添支有定例。其間有非所當得者，往往前後循襲冒請，不知其非。要當於始至之日，一一稽考，受其所當受，無專徇利。

防市買之欺

始至之日，必密訪市之物價，如官價有虧，則從市價。晨起，量其所買，先以錢給買者，仍書於牌，俾眂錢付物，毋得賒覊。所用權衡之屬，務在公平，過重則買者不過强取於市而已。旬日若月終，又須刷其虧欠之有無，不然，則彼得以恃勢爲奸矣。

怒不可遷

今日爲官者，事之不如人意十常八九。或公家事偶拂其意，或閨門之内方有私忿，怒見顔面，臨事乘勢，將亡辜人決撻以泄怒氣，是遷怒也。故當怒時，必持之以寬，忿怒既消，心平氣和矣。

盛怒必忍

人有咆哮非禮，大拂乎吾意者，須且寘之囹圄，優遊和緩，處之以法。若一時乘其暴怒，而痛加捶楚，必求快意而後止，則恐至過傷，悔之亡及。

疑事貴思

官司凡施設一事情，休戚繫焉。必考之於法，揆之於心，了無所疑，然後施行。有疑必反復致思，思之不得，謀於同僚。否則寧緩以處之，無爲輕舉，以貽後悔。

勿聽私語

廳吏有所求不如意，或受人私囑，將以中傷乎人者，知其不可明言，乃於長官啟處之側，自相告語，令其聽聞。往往有不察其實，遽將無辜人捶楚，以中姦計者。甚有其言先入，而終不可解者。不知無故之語，必有其故，豈可遽信？

勿差人索迓

閑居驅役私僕，往往多酬以索迓。至則吏輪備飲食，行則衆裒金以與之。雖云有例，然先聲已不佳矣。邇來官所多以是預占新官之賢否。況代者失歡，多起於來者欲速，去者欲緩，彼此失體。故瓜期既近，合俟見任交代，先通訊。不然，則或宛轉寄音，或批付典吏，若非愆期，不宜輒差人。

校勘記

〔一〕不過隨其手適　「適」字原作「摘」，據函海本、學津討原本改。

〔二〕若醫卜　「卜」字原脱，據函海本、學津討原本補。

州縣提綱卷二

判狀勿憑偏詞

訟者之詞，大率自掩其過，而歸咎於人，甚至鑿空撰造，以欺有司。若今日甲訟乙，輒憑偏詞以甲爲是；明日乙訟甲，又憑偏詞以乙爲是。迨二詞並至，而吾之所判已矛盾矣。故判狀勿憑偏詞，必得活法。若其詞無理者，不加詰問，則投狀者必多。一狀之出，牽聯追逮未至有司，而其擾已甚矣。兼有一等無圖人，本欲脱狀牽擾良民，覓賂休和，其實不敢對辯。故覽其詞無理，必反復窮詰，灼無可疑，則勿受，斯妄詞者寡而良民得以安居。未見情實，不若平辭而判，俟二競俱至，然後剖決未晚。成周大司寇，以兩造禁民訟；吕刑兩造具備，而後師聽五辭，蓋懼其以偏詞定曲直也。

判狀勿多追人

訟者元競本一二人，初入詞，類攀競主之兄弟父子，動輒十數人。甚至與其夫相毆，而攀其妻爲證；與其父相毆，而攀其女爲證：意在牽聯人數，陵辱婦女，輒謂得勝。若不自我點追，而一付之於吏，則吏必據狀悉追，亡一人得免。卒輩追一人，則有一人賂，執判在手，引帶惡少數輩，名曰「家人」，騷動乞覓，雞犬一空。稍不如意，則穿聯滿道，未至有司而其家已破矣。故必量事之緩急輕重，如大辟、劫盗之屬，緩則逸去，勢須悉追。餘如婚田、鬬毆之訟，擇追緊切者足矣，婦女非緊切勿追。

示無理者以法

官僚胥吏，明法尚寡，小民生長田野，朝夕從事於犁鋤，目不識字，安能知法？間有識字者，或誤認法意，或道聽塗説，輒自以爲有理。至謀於能訟者，率利其有獲，惟恐不争，往往多甘其辭以誘之。故彼終於傷肌膚、破家産而不知悔。原彼之意，蓋自以爲是耳，使自知其無理，何苦於争？亦嘗念愚民之亡知，兩造具備，必詳覽案牘，反復窮詰。其人果無理矣，則和顔呼之近案，喻之以事理，曉之以利害，仍親揭法帙以示之，且析句爲之解説，又從而告之曰：「法既若是，汝雖訴於朝廷，俱不出是耳。使今日曲法庇汝，異時終於受罪。汝果知悔，當從寬貸；不知悔，則禁勘汝矣。」稍有知者，往往翻然自悔，或頓首感泣以訴曰：「某之所争，蓋人謂某有理耳。今法果如是，某復何言。」

故有誓願退遜而不復競者。前後用此策以弭訟者頗多。如頑然不知悔，始寘之囹圄，盡法而行，自後往往不從勸諫者蓋寡。如不先委曲示之以法而驟刑之，彼猶以爲無辜而被罪，宜其争愈力而不知止。

勿萌意科罰

凡訟至有司，不宜先萌意科罰。蓋萌意科罰，則或發富家之陰私，或牽聯富家之婦女者，往往以爲奇貨，其心必喜。喜則行之必嚴，追逮必衆，其事本細，張皇成大，指顧可以破人之家。殊不知張官設吏，本爲理民曲直耳。今不問曲直而利於取財，以破人之家，於心寧無媿？於君寧無負？於幽明寧無責？可不戒哉！

面審所供

吏輩責供，多不足憑。蓋彼受賂，所責多不依所吐，往往必欲扶同牽合，變亂曲直。山谷愚民，目不識字，吏示讀不實，若憑所供輒斷，而不面詰之，則貧弱之民無辜而受罪矣。凡吏呈所供，必面審其實。如言與供同，始判入案，或言與供異，須勒再責。若供不當廳，而令其下司，則豪强之人、教唆之徒，公然據司案而坐，指揮叱吒，變亂情節，善良之人有冤無告矣。

呈斷憑元供

二競者之詞，悉見於親供。或憚案牘之繁，不暇遍覽，將結斷時，案吏則以案具始末情節引呈，蓋欲便於觀覽也。不知甲乙對競，甲之賂厚，則吏具甲之詞必詳，乙之詞雖緊要者，亦且節去，以此誤長官之判多矣。既有元詞，自當詳覽以定曲直，又具情節，適爲贅耳。

詳閲案牘

理斷公訟，必二競俱至，券證齊備，詳閲案牘。是非曲直，了然於胸次，然後剖決。蓋人之所見有偏，若憚案牘之繁，倦於詳覽，遽執偏見，自以爲得其情而輒剖決者，其過誤多矣。

詳審初詞

訟者初詞，姓名、年月、節目必須詳覽。蓋案牘動至數萬言，雖若繁夥，然大率不出乎初詞。儻後詞與前異，前詞所無而其後輒增者，皆爲無理。若夫獄囚所招，則先隱其實，旋吐真情，又不可例憑初詞。

通愚民之情

健訟之民，朝夕出入官府，詞熟而語順。雖譊譊獨辯庭下，走吏莫敢誰何。良善之民，生居山野，入城市而駭，入官府而怵，其理雖直，其心戰慯，未必能通。若又縱走吏輩訶遏之，則終於泯默受罪矣。凡聽訟之際，察其愚樸，平昔未嘗至官府者，須引近案，和顏而問，仍禁走吏無得訶遏，庶幾其情可通。

交易不憑鈔

田産典賣，須憑印券交業。若券不印，及未交業〔一〕，雖有輸納鈔，不足據憑。蓋白券可僞造，賦税可暗輸。昔劉沆丞相知衡州時，有大姓尹氏欲買鄰人田，莫能得，鄰人老而子幼，乃僞爲券。及鄰人死，即逐其子，訴二十年不得直。沆至，又出訴。尹氏出積歲所收户鈔爲驗，沆不憑鈔，而詰其元買非實，始服罪。事有適然類此者，宜加察焉。

誣告結反坐

近世風俗，大率初入詞輒以重罪誣人者，不可不察。如白日相毆於路，則必誣曰劫奪；入於其家而相競，則必誣曰搶劫；與其婦女交争，則必誣曰强姦；墳墓侵界，則必誣曰發掘骸骨。似此類，其真實者豈可謂無，但鑿空假此以爲詞訟之常談者，可怪耳。甚至公然以大辟誣人，略不知懼。且有一人，病且死，與甲初無預，而甲妄認親屬，誣乙毆死。乙固知其無罪，然事屬大辟，有司不敢不受。勢須委二官檢覆，吏胥之追求，里保之乞覔，一鄉騷然。幸值明有司早得脱，而其家已破矣。或吏用事，寘之縲絏，卒未得直。故良善畏事之家，往往多厚賂求休息，爲甲者無故而獲千金，故鄉俗目之曰「經紀」。萬一乙不賂，至有司淹延日久，窮見實情，甲之罪不過杖一百耳。蓋縣家凡一事解郡，所費不貲，或郡吏求疵疏駁，罪反及身，故縣家多從末減，此風所以滋長而無忌憚也。似此誣告，必先勒結反坐，果誣，必結解盡法而行，庶懲一戒百。内有畏反坐者，輒令老人、婦人入詞，故老人須追子，婦人須追夫，同結反坐後追究。

禁告訐擾農

頑民健訟，事或干己，猶有可諉；事不干己，可不力懲？且冒占逃絶户産，若匿牙税之類，在法固許人告，使告果得實，豈但追逮。奈有一等無圖之人，不務農業，當農事正急時，輒乘間以此誣告擾農民，邀挾錢物。方其訴時，未必一一知其實，惟擇善懦或有讎之家，泛然入詞，以僥倖其一中。且如告一户冒占，晝一不下數十項。有司追究不盡，則恐終不能絶詞；若悉追究，則牽連動是數十人，淹延動是數月，都保之追逮，鄰里之供證，一鄉騷然。良民業在務農，耕耘一失其時，則終歲飢餒，往往不憚厚賂以求和。或不賂，則至於有司窮究得直，彼不過負妄訴之罪，而被訴之家所損已多矣。在法，諸婚田之訟，自二月以後爲入務。今縣家多畏誣告者之健訟，兼或撰造經郡若監司，脱判送下，往往未必入務。故不務農之人，得以乘其農急而規財，使務農者不得安業。要當候務開日追究，或係郡若監司送下，亦宜具此利害申聞。

告訐必懲

鄉間之弊，莫大於奸民得志而良民受害。夫安分之人，業在田畝，自幼至老，足未嘗躡官府，事切於己，尚隱忍不欲訟。其有不務農業，專事健訟者，欺其善懦，往往搜求其短，誣告挾賂。縣令不明，則吏寘之獄，枝蔓追究，必破其家。縣令苟明，追證既備，罪有所歸，則誣告者懼罪，不待理斷而妄飾其詞，今日走郡，明日走監司，脱其轉送或索案，則又因循迤邐以幸脱矣。此奸民所以終於得志，而良民受害。故凡投詞，有事不干己者，必加懲治，無使脱判以害良民。

請佃勿遽給

奸民密知人有産無契，若有契未印，若界至不明，輒詐作逃絶乞佃。脱判會實，囑里正、耆、鄰扶同誣申。案吏利其厚賂，不問是非，遽憑偏詞給據。彼既得據，輒争奪交業，固有今日方携據而去，而明日相毆而來，甚至殺傷者。有司追究，問之里正，則曰鄰人；問之鄰人，則曰里正。其實皆里正受賕，勒其爲鄰，而彼實不知。又或以佃者爲鄰，或以親戚爲鄰。故必反覆得實，仍勒里正結罪保明，俟差鄰都再會。如不實，或續有人競，必先抵里正罪，庶知忌憚。

證會不足憑

鬭毆必追證，而證不可憑一人之詞；争界必會實，而會不可盡信耆鄰之説。蓋富者有賂，則可以非爲是；貧者無賂，則可以是爲非。專憑證會，則凡貧弱者皆無理矣。鬭毆之訟，必察其人之强弱，情之是否；争界之訟，須令詳畫地形，考之契要，反覆參究，必得其實，然後可決。

再會須點差

里正會實，受賕偏曲，或乞差鄰都再會。若憑吏擬差，或受賕再差其親密，則偏曲如初，卒不得直。故必自我點差，使之不測。

聽訟無枝蔓

詞有正訴一事而帶訴他事者，必先究其正訴，外帶訴事須别狀。蓋聽訟不宜枝蔓，枝蔓則一事生數事，曲直混淆，追逮必繁，監繫必久。吏固以爲喜，而民乃以爲病矣。若夫枝派異而本同一事者，又不可以是論。

立限量緩急

立限寬嚴，必量事之緩急。不量緩急，而一切以緊行之，則緩急雜亂，承限者抵罪必多，勢不可久，其終必至於緊與緩者俱違戾矣。是以信牌之類，不可常出，常出則人玩。惟上司録匣追會，及大辟强盗時出而用之，違者必懲，故人不敢慢，緩急可以辦事。

立限量遠近

催科若訟常限，須關佐官廳同一日。如一都、十一都、二十一都，則以初一日、十一日、二十一日，二都則以初二日、十二日、二十二日之類。非惟整齊無雜亂，易稽考，且里正、户長一月止三日在公，優閑多矣。時焉有上司追會，有大辟、有劫盗、有冤抑者，不可拘常限，故不得已而用破限焉。破限必量地遠近，蓋遠鄉往返有四五百里者，若初限例與一二日，追會不至而輒撻之，則是責人以其所不能也。里正受賂，詐以所追人出外或病而妄申者，固其常矣。其間豈無實出外者，豈無實病者，必酌情而行，庶亡冤濫。

催狀照前限

里正領狀違滯，詞首未免催限。蓋狀有常限，有破限，若再狀不照元狀日限，則前後限參差不齊，雜亂無據。故再狀必勒吏先照元展日限，朱批於狀首，再判必同元限，則限無矛盾，易於稽考。如經久不至，則改緊限或信限以速之，庶幾有冤不至無告。

栅不留人

訟者始至填委，慮其逸去，多先寘於栅。直栅者邀挾，不如意，輒閉留終日，饑不得食，寒不得衣。遇盛暑，數尺之地，人氣充牣，多至疾病。要須於始至時，即監召保，毋得入栅關留。

察監繫人

二競干證俱至，即須剖決，干證未備，未免留人。承監人乞覓不如意，輒將對詞人鎖之空室，故爲饑餓，不容人保。又或受競主之賕，以無保走竄妄申。官司不明，輒將其人寄獄者多矣。凡承監，須令即召保，不測檢察；如不容保，故爲鎖繫，必懲治之，仍許親屬無時陳告。或果貧而無保，須度事之輕重，或押下所屬，追未至人。

里正副勿雜差

里正、副分上下半月，本欲受差均耳。有合受上半月者，重難事輒囑吏，留於下半月呈遣；利賂事本下半月合受者，輒作妨嫌，差上半月。苦樂不均，弱者受害。要當嚴分上下半月之禁，無得雜差。行之有準，雖曰兩年充役，實則一年，故人皆樂充，罕有争競。在處里正事體雖不同，或有似此者，固當知也。

用刑須可繼

縣官追逮，多責里正。里正違初限，未可遽杖。且要緊事追人，初限五日，不至，遽撻之矣；次限又不至，不再撻，則益見緩慢，而前杖爲虚設；再撻之，則五日内杖瘡必未痊，非惟法所不許，兼恐過傷，罪在慘酷。故初限未至，不若量訊，或封案，或錮身，示以不測，不專用杖。蓋縣令之威，不過杖一百耳，用之未盡，則彼猶勉强以自逭，遽盡用之，其如不可繼何。

戒諭停保人

鄉人之訟，其權皆在聽信安停人，以爲有理則争，以爲無理則止。訟之初至，須取安停人委保。内有山谷愚民，頑不識法，自執偏見，不可告語者，要須追停保人戒諭，庶或息訟。

執狀勿遽判

事有涉不法，恐異時有競，而先欲張本者，輒多端脱判執狀，以爲異時交争之證。要當審其事之利害，未可輒判。如遺失契書之類，必究實；如婦人乞改嫁之類，必追會。果得實，然後坐條告示。其他非要緊執狀，判語須活，不可偏執。

緊限責病詞

狀乞責病者之詞，必其人垂死。若立限稍緩，未責詞而已死，無緦麻以上親在傍，合委二官檢覆。非惟檢覆之官一出，鄰里騷然，兼格目申憲司，寧無疏駁？要當榜示，許不拘早晚，披陳所判，須仰即往，不可如常限三日五日，恐稽緩終至委官擾擾矣。

隨宜理債

官司有阿從豪民者，凡債負不問虚實，利息過倍，一切從嚴追理，則豪民必至兼併，小民有寃亡告。又有矯是弊者，不問是非，一切不理，則豪民不敢貸，一遇歲饑，或新陳未接，小民束手相視餓死，本欲恤之，而不知反以害之。要在平心遵法而行耳。

受狀不出箱

出箱受狀，其間有作匿名、假名狀投於箱中者，稠人雜遝，莫可辨認。兼有一人因便投不要緊數狀，及代名數人者，要當於受狀之日，引自西廊，整整而入。至庭下，且令小立，以序撥三四人相續執狀，親付排狀之吏。吏略加檢視，令過東廊，聽唤姓名，當廳而出。非惟可革匿名、假名之弊，且一人止可聽一狀，健訟者不得因便投數詞以紊有司。

判狀詳月日

覽狀必詳其發端月日。蓋事有要緊者，必即訴於公。經數月而後始入詞者，必非要緊，須詰其因何稽緩。如詞内隱其月日而不言者，必已經久，或在赦前，須令再供，然後施行。

籍緊要事

州縣一番受狀，少不下百紙，内不要緊者甚多。程限簿一概主之於吏，若欲一一親檢察，則精力不逮，緩急俱廢。要當擇事干緊要，若情有冤抑，若上司委送者，別籍置之案，明載日限，日率一閲，違滯則追，庶亡稽緩。

案牘用印

田産之訟，官司考之契要，質之鄰證，一時剖判既已明白，無理者心服無詞，有理者監繫日久，一得判輒歸，未必丐給斷憑。元案張縫，率不用印，數年之後，前官既去，無理者或囑元主案吏拆换，或賂貼吏竊去，兼主案吏若罷、若死，輒隱匿，詐言不存。彼乃依前飾詞妄争，有理者須執前判，無所考據，則前判皆爲虚設矣。凡事判案，須即用官印印縫，仍候給斷憑訖始放。

無輕役民

公廨有傾則必修，有敝則必葺，無致因循頽毁，以貽後費。至利民之事，如建學校，開溝渠，築堤防，立城壁之類，必於農隙盡心力而爲之。若起臺榭，廣園沼，以爲無益之觀美者，力有未及，宜小緩。蓋勞民役衆，寧無怨嗟，和買竹木，寧亡騷動，在審其緩急輕重耳。昔盈川令政慘酷，惟專務造亭臺，書榜額爲美名，宜其爲遠近笑耳。

籍定工匠

役工建造，公家不能免。人情得其平，雖勞不怨。境内工匠，必預籍姓名，名籍既定，有役按籍而雇，周而復始，無有不均。若名籍不定，而泛然付之於吏，則彼得以並緣爲奸。本用一人，輒追十人，藝之精者反以賂免，而不能者枉被攀連不得脱，非惟苦樂不均，且建造未成，而民間已騷然矣。但置籍之始，須括得實，無使里正與夫匠首者因讎誣供，則其籍始可用耳。

示不由吏

凡親民之官，稍有知者，孰不欲平心以決事。然事有不得平者，蓋由奸豪居鄉則殘虐細民，在公則劫持胥吏。訟至有司，胥吏奉承其意，惟恐或忤，以至以曲爲直，以是爲非。長官不明不公者，則唯吏是從；間有公且明者，一切自出己見，彼之訟不勝，輒以胥役受賂，妄訴吏者多矣。吏何足恤，但奸民得志，吏益畏憚，小民之屈愈不可伸。故凡吏呈事案，須先引二競人立於庭下，吏置案於几，斂手以退，遠立於旁。吾惟閲案有疑，則詢二競人，俟已判，始付吏讀示。蓋將以示其曲直不出於彼，非惟吏不得以詐取民財，且俾奸民無歸咎於吏而妄訴矣。

詳畫地圖

迓吏初至，雖有圖經，粗知大概耳。視事之後，必令詳畫地圖，以載邑井都保之廣狹、人民之居止、道塗之遠近、山林田畝之多寡高下，各以其圖來上。然後合諸鄉邑所畫，總爲一大圖，置之坐隅。故身據廳事之上，而所治之内人民、地里、山林、川澤俱在目前，凡有争訟，有賦役，有水旱，有追逮，皆可以一覽而見矣。昔呂惠卿雖不足言，觀其以居常按視縣圖，究知鄉村地形高下，爲治縣法，蓋亦有所見也。

户口保伍

縣道户口保伍，最爲要急，儻不經意，設有緩急，懵然莫知。始至，須令諸鄉各嚴保伍之籍，如一甲五家，必載其家老丁幾人，名某，年若干；成丁幾人，名某，年若干；幼丁幾人，名某，年若干。凡一鄉爲一籍，其人數則總於籍尾。有盜賊則五家鳴鑼擊鼓，互相應援，或遇差役起夫，水旱賑濟，皆可按籍而知，誠非小補。

修舉火政

治舍及獄，須於天井之四隅，各置一大器貯水，又於其側備不測取水之器。市民團五家爲甲，每家貯水之器各寘於門，救火之器分置，必預備立四隅，各隅擇立隅長以轄焉，四隅則又總於一官。月終勒每甲各執救火之具呈點，必加檢察，無爲具文，設有緩急，倉卒可集。若不預備，臨期張惶，束手無策。此若緩而甚急者，宜加意焉。

禁擾役人

争役之訟，多起於縣家非泛科需，案，非泛，猶云非常，蓋宋時有此語。期限嚴迫，不時鞭撻。兼吏輩每限過取，役未滿而家破，故力争以冀倖免。若盡絶非泛科需，量地遠近立限，凡事皆酌其輕重而少寬之。又嚴禁吏，每限亡過取，則人樂其優恤，争先願充，又何競之云。

差役循例

差役素有則例。如某都里正，元例差及税一貫文止，不可輒差未逮一貫文者；如某保户長，元例差及税三百文止，不可輒差未逮三百文者。或及元則例之家，比向來頓減，止三家二家長充。而未及則例之家，有税力優厚，可以任役者，又在隨宜更變。

酌中差役

物力既高，歇役且久，充役無辭。要其所争，多起於税高而歇役近者，則以輪差之法，而糾税少歇役久之家；税少而歇役久者，則以歇役六年再差之法，而糾税高歇近之家。有司牽制，多不能決。切照將朱批户歇役六年，與白脚户比差之文，準紹興二十八年六月一日指揮，已删去矣。〇按「切照」以下共三十五字，原本亦作正文，據上下文詞義，似後人見上文歇役六年之法，非現行事例，因而加注以明之者。今改用小字附書。今若將歇役六年者輒再差，則此税高者長充，其餘力能任役者永得優閑，其害在上户矣。若將税及元則例人，周而復始，一概輪差，則税過五倍十倍者充二年，而税少五倍十倍者亦充二年，其害在下户矣。二者皆未均，要當以見行條法，參物力高下、歇役久近，酌中定差。如税過數倍，歇役十餘年，則亦可以再差矣。不然，則且差税及元則例、歇役年深之家。其間有析産白脚，物力及則例者，自合先充。

禁差役之擾

縣令不明，則吏因差役並緣爲奸。如差甲得賂，輒改差乙；差乙得賂，輒改差丙。本差一户，害及數家，争競擾擾，久而莫定。故差役之先，必嚴責所差吏罪狀。如被差人有詞，則令供合充之家，當廳索差帳，與籍參究定差，無至再誤。如始差不當，必罪元差吏。

役須預差

在法，役將滿，合先一月預差。蓋争競遷延，前者既滿，勢須與替；後者未定，煙火盜賊，誰任其責？須先一月勒吏詳審定差。如差已當，枝辭未伏，須令權就役，候追究有理，則將充過月日與將來應役月日通理。

常平審給

常平義倉，本給鰥寡孤獨、疾病不能自存之人。每歲仲冬，合勒里正及丐首括數申縣，縣官當廳點視以給，蓋防妄冒。然里正及丐首藉是以求賂，有賂，非窮民亦得預；無賂，雖窮民不得給。兼由丐首括數而得給者，往往先與丐首約，當給米時，則分其半。疾病孱弱者，不能行履，所給或盡爲丐首奄爲己有。不然，亦裒常例，而丐者所得無幾矣。夫丐首强壯亡疾病，一家率數人蠶食於常平，而又强掠如是，其弊可不革哉？要當嚴禁其乞覓不公之弊，遇初冬散，榜令窮民自陳，庶幾常平不爲虛設。

安養乞丐

歲饑，丐者接踵，縣無室廬以居之，往往窮冬嚴寒，蒙犯霜雪，凍餓而死者，相枕藉於道矣。州縣倘能給數椽以安之，豈不愈於創亭榭、廣園囿，以爲無益之觀美乎？昔范公祖禹奏乞增蓋福田院官屋，以處貧民，至今爲盛德事。士大夫毋以爲緩而不加之意。

收撫遺棄

凡任宅生字民之寄，要須視民如子，一人號呼不得其所，當任其咎。且歲饑遺棄孤幼於道者紛紛，不收而字之，何以爲民父母？凡周歲至四五歲者，未能自支持，徒知收撫，而不時時親檢察，其終必死耳。要當於要近處闢一室以處之，仍專責一二人視養，而又時時親檢察，如撫己子焉，則所活必多。宅生字民之職，始爲亡媿。昔元魯山所得俸禄，悉以衣食人之孤遺，天下至今稱之。

月給雇金

縣有弓手、手力，役於公家，悉藉月給以爲衣食。縣家常賦不辦，往往越數月不給。彼之仰事俯育，喪葬嫁娶，迫乎其身。弓手不過假捕盜鄉間，執縛良民，騷擾百出；手力亦不過假監繫害民，以覓厚賂，實縣令有以致之。故財賦不辦，須措畫有方，若雇金須按月而給。蓋在我無虧於彼，彼或害民以陷於罪，懲治雖嚴，而亦無詞無怨矣。

校勘記

〔一〕及未交業　「及未」二字函海本、學津討原本作「未及」。

州縣提綱卷三

捕到人勿訊

大辟劫盜，捕至之初，例於兩腿及兩足底輒訊杖數百，名曰「入門杖子」，然後付獄。不知其在都保或巡尉司綿歷多日，飲食不時，饑餓羸弱，兼爲承捕人考掠，其傷已多。若不先驗，以備不測，又從而酷訊之，往往至獄即病，方鞫情狀，而其人或死矣。既死，合委官驗覆，若痕在致命，罪屬慘酷，至累終身。故始至須躬問大情，仍驗有無傷；始付獄，戒給飲食，然後鞫之。異時生殺自有常憲，不必於其初輒酷訊之也。況捕至之初，罪辜未明，一例輒訊，異時推鞫無犯，追悔亡及。

革囚病之源

囚之所犯，自有常憲，死於非法，長官不得不任其咎。若縣道則多無囚糧，貧亡供送者，多責之吏。吏饘粥自不給，往往經日不與，或與之微，不能充饑。況又時加考掠，得疾以至於斃者多矣。兼囹圄不掃，匣杻不潔，穢氣薰蒸，春夏之交，疫癘扇毒，至有負死囚接踵而出者。憲司歲計人多，罪何所逃？故貧亡供送者，官須日給米一升以爲飲食。重囚則差人入獄監給，輕囚則引出對面給，庶免減剋。當春則深其獄之四圍溝渠，蠲其穢汙，俾水道流通，地無卑濕，而又時時灑掃，使之潔净。嚴冬則糊其窗牖，給之襖襪，庶令温暖。盛暑則通其窗牖，間日濯蕩，由是疾病無自而生。惟時時留心，檢察是數者，亦庶幾古者欽恤之意。

疑似必察

昔吴太子孫登嘗乘馬出，有彈丸過，左右求之，適見一人操彈佩丸，咸以爲是。辭對不服，從者欲捶之，登不聽，使求過丸比之，非類乃釋。蓋情有似是而非、似非而是者，苟其辭未伏，不可不審也。若辭已伏而涉疑似，亦未可輒信。蓋在囚日久，考掠不勝苦，亟欲出獄，不免誣伏。不察其實而輒結案以解，或已殺之後而真犯者敗，死者其可復生乎？ 昔薛奎爲温州軍事推官，時有民常聚博僧舍。一日，盗殺寺奴，取財去，而博者四人適至，啟户，濺血污衣，遽驚走，邏者因捕送官。考訊已引伏矣，奎獨疑之，請緩其獄，後數日果得殺人者。 他如錢公若水爲同州推官辨女奴事，向公敏中在西京辨僧殺婦人事〔一〕，皆已誣服後平反其獄，亦世所稔聞。史傳似此不可枚數。凡事有涉疑似者，雖其辭已伏，亦須察之以緩，或終於疑罪，須當從輕。古人要囚服，念五六日至於旬時者，蓋爲是耳。

詳究初詞

昔劉公安世謂宋若谷治獄有聲，惟曰「獄貴初情，分牢處問」而已。今之縣獄初詞，乃訟之權輿，郡獄悉憑之以勘鞫。凡里正及巡尉解至犯人，多在外經停唆教，變亂情狀。若縣令不介意而輒付之主吏，則受賕偏曲，一律供責，其後欲得真情，難矣。如解至犯者十名，即點差他案貼吏十名，各於一處隔問責供，頃刻可畢。内有異同，互加參詰。既得大情，輕者則監，重者則禁，然後始付主吏。雖欲改變情款，誣攤平人，不可得矣。

入獄親鞫

吏胥之老成者，與百姓讎隙，多已訴罷。見役類皆後生，不歷世事，不識條法，惟知乞取贍家。今以大辟及强盗付之，則生殺在其手，豈無冤濫。故凡獄事始至，須入獄親鞫，冀得真情。若經久，吏受賕，變亂其實，害及無辜必矣。

事須隔問

書云「察辭於差」，蓋事之實者，不謀而同。凡有差者，皆非真情也。獄事須分處隔問，無令相通，衆説皆侔，始得其真。如有矛盾，必反復窮詰。若付之於吏，聚干連人於一處而泛然問之，則隨是隨非，衆口一律，不至誤入，必至誤出矣。

勿訊腿杖

訊杖，在法許於臀、腿、足底分受，然每訊不過三十而止。今人動輒訊至數百，蓋腿與陰近，訊多，必釁作輒死。亦嘗親覩一官司〔三〕，訊人腿杖過百即死者，不可不爲深戒。

獄吏擇老練人

獄吏若以惡少年爲之，則不識三尺，考掠苦楚，必求厭所欲而後止。甚至終夜酷絣囚於匣，至死而獄吏醉卧不知者。又有白日絣囚至重，旁無人守，已死而獄吏始知者。彼何所顧藉，得罪則在長官耳。故凡獄吏，須擇老成更練者爲之。有合鞫訊，勒主吏持鞫囚曆取押〔三〕，然後入獄，非時苦楚，切須嚴禁。

不測入獄

獄官不常詣獄，非惟獄吏自恣，將無辜人苦楚，且出外酣飲，傳寄消息。或聚衆吏在獄博戲，往來如逆旅，甚至重囚竄逸而不知。須不測詣獄，索牌點視，庶有忌憚。

病囚責出

獄官夜點獄時，或聞有呻吟之聲，必須翌旦亟命醫胗視。果病，非大辟、强盗，並權出之，令保人若親屬同視醫治。或無保若親屬，須責承監人安之旅舍。然旅舍多令卧於地，飲食不時，病勢寖加，必責其令寢於床，選良醫醫治，日以加減聞。仍責主案吏時時檢視飲食，或至不可捄，在我無愧，而人亦無詞矣。

病囚責詞

獄吏受賕，或詐申囚病脱出，至實有病，不得賂，反不即申，或死於獄。事屬不明，須嚴戒，有病即申，輕罪即出之。或病稍重，即委他官責詞，内有以無病詐申者，須親檢察。

病囚别牢

重囚有病，須别牢選醫醫治，仍追其家屬看待。或有患瘡者，亦須别牢，時其濯洗，毋使與餘囚相近。蓋囚者同匣而卧，朝夕薰蒸，必至傳染。

檢察囚食

囚之二饍，送於獄門，係司門者傳入，往往所求不滿意，輒故爲留滯，致令飲食不時，饑餓成疾。須專責獄典檢察，不測親問。内有無供送而官給之糧者，獄吏早晚例以飲食當廳呈報而後給。然所呈皆文具，其實减尅，所與無幾。當呈時，須差人依樣監給，無使减尅，徒爲虚文。

遇旬點囚

囚在獄日久，考掠苦楚，饑餓病瘠，置之暗室，無由得見。旬日必出於獄庭之下，一一點姓名，且令繫於獄之兩廊。一則病瘠可見，二則有不應禁者即釋之，三則令獄吏潔其牢匣，然後復入，不爲亡補。

獄壁必固

獄吏得囚賂，或夜縱其自便。重囚無路竄脱，或因飲水時積漸，以水潠壁，浸漬泥濕，夜深則揭泥穴壁而出，獄吏莫知者，嘗有是事矣。故重囚夜卧，無令近壁，兼四壁須令板夾，仍堅其墻圍，有壞即整。

鞫獄從實

縲絏之下，何求而不得。若專尚威猛，考掠苦楚，勒其招伏，彼不得已，雖一時面從，非惟異時翻異，罪在失入，況死者不可復生，命誰與酬？又有矯是弊者，一切不加考掠，專以輕罪誘其承伏。愚民不識法，苦於久繫，意謂果輕，亟欲出獄，往往誣服。其後卻加以重罪，則是以甘言誘人入於死地也。故鞫獄不可專用威猛，亦不可誘以輕罪，惟察詞觀色，喻之以理，扣其實情，俾之自吐，則善矣。

健訟者獨匣

健訟之人，在外則教唆詞訟，在獄若與餘囚相近，朝夕私語，必令變亂情狀，以至翻異。故健訟者須獨匣，不可與餘囚相近。

二競人同牢

二競俱禁，若令別牢，則獄吏受富强之賂，公然傳狀藁，遞信息，使之變亂情狀。不若俾競主與之同匣，非惟互相譏察，猶有忌憚，且同匣日久，情或親密，解讎爲和，亦息訟之一端也。

審囚勿對吏

主吏有勒囚招狀者，必戒其引問無翻異。囚畏不如所戒，必遭楚掠。若對吏引問，則囚必一切誣服，不敢吐實。故引問時，須令主吏遠立，仍和言喚囚近案，反覆窮詰，必得真情，始可信矣。昔胡文恭公通判宣州，有死獄將抵罪，公疑之，呼囚以訊，囚憚捶楚，不敢言。公引囚，辟左右，復訊，方得其實。非文恭之精誠，鮮不誤矣。

夜親定獄

縣令有憚其夜點獄者，或分之佐官，或委之典吏，皆於法不許。若有過失，罪將誰歸？凡嚴寒盛暑，須躬入逐牢，用燭照視點姓名。或用縲絏有輕重其手者，亦可因而檢察。

勿輕禁人

不應禁人，勿禁。若未欲訊決，而權寄於獄，或係干證人，日當引對者，晚須出之。蓋法不應禁，或有不測，罪無所逃。若婦人當刑禁者，必先驗其有無孕，恐或墮胎，無以自明。

審記禁刑

禁刑日或因事紛擾，吏失檢舉；或一時盛怒，倉卒忘記；或案吏結解，慮所屬責稽慢，先作檢舉，立斷罪虛案，置之案沓。當立虛案時，往往所用日印不照，禁刑之日，或被檢察，罪不可逭。故遇禁刑，須大書於牌，寘於目前，庶幾目擊，不至過誤。

革盜攤臟

盜者平時與人有隙，或受吏唆教，類以寄贓誣平人。平人憚其禁對，不敢辯，往往輒買贓賠償。官司見所納如數，意謂得其實，不知悉非本物。夫平人典質衣襦賠償，以中盜賊復讎之姦計，其屈已甚矣。況吏得賂，則俾認爲真贓；不得賂，又以非元贓而追逮，其苦豈可勝言哉！必須親鞫得實，然後追索。

罪重勿究輕

諸鞫重罪，大情已明者，其餘輕罪，並據招結款追究，載在令甲，非不明白。邇來州縣多不奉行，切宜留意。

校勘記

〔一〕向公敏中在西京辨僧殺婦人事　「辨」字原作「辯」，據函海本、學津討原本改。

〔二〕亦嘗親覩一官司　該句函海本、學津討原本作「嘗見某都官司」。

〔三〕勒主吏持鞫囚曆取押　「曆」字原作「歷」，避清高宗弘曆諱，今回改。下同，不出校。

州縣提綱卷四

廉則財賦給

有一邑之土地，斯有一邑之常賦；有一州之土地，斯有一州之常賦。或至匱乏者，多起於守宰之不廉。蓋守宰廉，則吏爲欺弊，猶有忌憚；守宰不廉，則己盜其一，吏盜其十。上下相蒙，恣爲欺隱，其終未有不至匱乏者。故理財當以廉爲先，又時時檢核滲漏，無有不給。

晝月解圖

視事之初，須計一歲所入之數與所出之數有無虧赢。有虧則公勤措畫，常賦月解須畫爲圖軸，置之坐右，朝夕以對。已解者隨即朱銷，故色色財賦，舉目可見，必不至於懵然不知，違戾限期矣。

整齊簿書

縣道財賦，本源全在簿書；鄉典姦弊，亦全在簿書。大率縣邑賦籍，每户折色，必據税總數而科。如某户元税若干，收若干，推若干，今總計若干，然後合科折色某物若干。逮輸，即於折色每項注「某月某日某號鈔納若干」，遇點追，揭籍，欠之多寡曉然在目。或者不然，夏秋税籍止載某户收若干，推若干，不總結今計數若干，惟無今計總數。故鄉典受賕，隨時更改，或續「添收」一項，不見其多；或續「再推」一項，亦不見其寡。況既收矣，續受囑，輒注云「誤收」；既推矣，續受囑，輒注云「誤推」。或於「誤推」、「誤收」之下又有「的推」、「的收」，自知欺弊已甚，憚其覈究，則又故爲草書小字，令人不可曉。會兼甲乙交易，甲已推而乙不收，乙已收而甲不推者，比比皆是。惟無今計總數，故所敷折色與税之多寡不相應，是以財賦走失，不可勝言。而差役無憑，習以成風，恬不爲怪。更加數年，則有賦者亡産，有産者亡賦，不可稽考矣。必須於賦籍勒一一大字楷書，今年某户税元數，必照與去年。今計總數同，仍於今年推收之後，總結一今計實數。折色則據今計數而敷。總數之下，斷不許改易添注。凡有收者必照推，有推者必照收，故推收有準，折色與税始相當，而財賦無走失矣。

關併詭户

今之風俗有相尚立詭名挾户者，每一正户，率有十餘小户，積習既久，不以爲怪。非惟規避差科，且綿歷年深，既非本名，不認元賦，往往乾收利入己，而毫毛不輸官者有之。蓋詭名挾户，鄉典悉知，須勒從實關併，則財賦不至走失而差科均矣。

追税先銷鈔

二税之輸簿廳，不即憑官鈔銷籍，異時按籍而追，至有已輸而枉被擾者。凡未追之前，須勒鄉典以官鈔銷籍净盡，結罪保明實欠，然後點追。

揭籍點追税

頑民違省限不輸官物，未免點追。若縣令不親揭籍，惟憑吏具數呈點，故多者以賂獲免，而所追者無非貧弱矣。蓋人户掛欠之多寡，具在省籍，要當親揭點追，毋令具數，庶幾均平。

收支無緩

官司收支，必分委佐官，凡一日賦財出入之數，詳給文曆。既晚不可復請官，若錢在吏手多，輒令設法於當日晚權收於外櫃，差吏一名，照數點入，用鑰封記。翌早，即請官監入庫，無至因循。又旬終，須計見存數，委官點視，庶無。案：此下原本有闕文。

帑吏擇人

帑吏必擇信實老成人，仍召有物力者委保。蓋賦財繁夥，用之非其人，或至盜用，無可追理，異時不過誣攤平人。有司不令均償，則彼亡所從出，官帑有虧；若令均償，則擾及亡辜，要須預防之可也。

搜求滲漏

長官日困於應酬，賦財文書，凡目既多，往往不暇詳究。兼前後交承，首尾不相應，以至滲漏者甚多。或支數與收數不同，細數與總數有異，或上曆支解而復收入己，或已解及數而漲數虛解，或以單子脱解而不上籍，或以鈔脱解而不上曆，似此之類，不一而足。故收支須月終磨覈，解錢必持單子。若簿、曆、鈔同押，始判支，如印鈔及批曆稽遲，即須監索。

募役不禁

邑有户長，居於鄉村，其間平生未嘗至官府者，若必勒親身自充，非惟不知詭名挾户，且不慣催科，徒遭刑責，費既不貲，甚至破家。於法許募者，合從其便。蓋一鄉户長〔一〕，必有平昔專代充之人，詭名挾户，逃亡死絶，彼無不知，故催科不勞而辦。要須募信實人，仍召市户一名委保，不然則不許募亡賴慣受杖者應限。

催科省刑

縣官催科，引呈户長，日不下四五十人。訊杖違法過數，則日不下三千，以月計之，所訊幾十萬矣。積而至於三載，不知其幾千幾萬，而决撻不預焉。雖云奉公行法，然呼號之聲上徹於天，其間豈無濫及，痛楚誰其酬之？倘能遏弊源，出信令，覈虚實，崇勸誘，固不必專尚訊撻也。

革催數欺弊

户長當限引呈，催數多寡率計於吏手，縣令豈能一一悉知。往往吏得賂，則以催少爲多，故僥倖免罪；不得賂，則以催多爲少，故枉受刑責。要當於引呈時，不測點一二名覈數，則多寡顯然在目，而爲欺者有所忌憚矣。

户長拈號給册

民户有樂輸，有抵頑，有逃絶，總一都内造册一扇，於中立一二人催理。且甲户力厚，則囑吏以樂輸，則詳載其名於册，故催理易辦。其不樂輸及抵頑之户，別立其名，無使弱者受害，苦樂不均。須勒吏先以一都内所有逃移絶户，均爲二册，各立號，仍別書於鬮，令甲户至官，隨意拈之，庶絶私囑之弊。

受納苗米勿頻退

輸納苗米不中，則退而弗受，蓋欲其换納耳。然所退動輒數十石至百石，彼豈能盡易別米入納？不過續變易姓名，復將退米再輸。受納官既不能一一辨認，徒見出入擾擾耳。故除雜水濕者勿領外，自餘有糠粃或粞碎之類，不若止令就倉篩揚潔凈，然後領之。

優自輸人户

邑井攬户，與倉斗深熟；鄉村自輸人户，與斗子不識。當交量時，往往輕重其手，致令自輸人户折米與攬户。要當時時覺察而優異之，毋令刁蹬村民，庶使其自輸。

禁擅入倉

詣倉受納，止可容斗子及輸納之户。其無干預人，悉令出倉，無使在内指倉斗等爲由，陽爲乞覓，陰爲偷盗，紛然。案：「紛然」下原本闕文。

當廳給鈔

受苗每名數足，隨即印鈔面還人户，毋致出倉。其鈔於本廳印給，亦勿令吏收鈔自給。蓋遠鄉之民，固有因循不取，終於無執手者。若夏税則尺寸奇零，鈔數繁多，必類聚一日所輸，翌日印給。如苗鈔不即給，夏税鈔翌日不給，許其不時執覆，根究施行。

校勘記

〔一〕蓋一鄉户長　「鄉」，函海本、學津討原本作「都」。

附録　諸家題跋

文淵閣四庫全書本書前提要

臣等謹案：州縣提綱四卷，不著撰人名氏，楊士奇文淵閣書目題陳古靈撰。古靈者，宋陳襄别號也。襄字述古，侯官人，慶（歷）〔曆〕二年進士，解褐授浦城尉，官至右司郎中、樞密直學士，事迹具宋史本傳。史稱其莅官所至，必講求民間利病。殁後，友人劉彝視其篋，得手書數十幅，皆言民事，則此書似當出於襄。然襄所著古靈集尚傳於世，無一字及此書。又所著易講義、郊廟奉祀禮文、校定夢書等見宋史藝文志、福建通志、説郛中，不言更有此書。晁、陳二家書目亦皆不著録。書内有紹興二十八年語，又有「昔吕惠卿」、「昔劉公安世」語，考襄卒於元豐三年，距南渡尚遠，不應載及紹興。且劉、吕皆其後進，不應稱昔，其非襄撰明甚。今永樂大典所載本，蓋據元初所刻，前有吴澄序，止言前修所撰，不著其名氏，蓋澄亦疑而未定。知文淵閣書目所題，當出訛傳，不足據矣。其書論州縣莅民之方，極爲詳備。雖古今事勢未必盡同，然於防奸釐弊之道，抉摘最明。而首卷推本正己、省身凡數十事，尤爲知要，亦可爲司牧之指南。雖不出於襄手，要非究心吏事、洞悉民情者，不能作也。

乾隆四十六年三月恭校上。

總纂官臣紀昀、臣陸錫熊、臣孫士毅，總校官臣陸費墀。

周中孚鄭堂讀書記卷二十八

州縣提綱四卷，學津討原本。舊題宋陳襄撰。讀書志、書録解題、通考、宋志俱不載。明文淵閣書目有云題陳古靈撰。襄字述古，號古靈，侯官人，慶曆二年進士，官至右司郎中、樞密直學士。然考之古靈集及是書所載，實非古靈所作。其書已佚，今館臣從永樂大典録出，著録於四庫全書。前有吴草廬序，惟稱其鄉「姜曼卿録事任於閩，忍貧自潔，遇事必究底藴，惻然惟恐傷於民。前所編州縣提綱一書，手之不置，蓋與其意無一不合故也。章貢黎志(道)〔遠〕復爲鋟木，以廣其傳」云云。亦不定爲何人所作，益知楊東里所題之僞也。其書凡一百六十條，每條各有標目，皆論牧令馭民之道，於蠹姦剔弊□述頗詳，其卷首潔己、平心以下二十餘事，尤爲推本之論。是編不獨爲州縣而設，即方面大吏亦當敬而聽之也。張若雲即從文淵閣本録出付梓，函海亦收入之，俱誤題爲陳襄撰，不如仍閣本之不著撰人爲得云。

畫簾緒論

〔宋〕胡太初 撰
閆建飛 點校

點校説明

畫簾緒論一卷，宋胡太初撰，成書於端平二年（一二三五）。胡太初爲嘉熙二年（一二三八）周坦榜進士，三年中詞學科第一人〔一〕。淳祐四年（一二四四）八月以迪功郎爲建康府教授，六年十月離任〔二〕。淳祐十一年（一二五一）正月以國子博士兼景獻府教授，改秘書郎，十二年正月知全州〔三〕。寶祐初年（一二五三）知處州時畫簾緒論首次刊刻。景定五年（一二六四）十二月爲兩浙轉運判官，咸淳二年（一二六六）除太府卿〔四〕。此外，其曾任職軍器監，加直秘閣出知饒州。其他事跡不詳。

端平二年，胡太初外舅陶某出宰香谿，臨行前，問政於太初。太初乃條爲十五篇以授之。書名「畫簾」者，晝日垂簾，以示游刃有餘也。當時太初尚未中舉爲官，故畫簾緒論一書並非其個人歷官心得，而是其父爲官、太初隨侍左右時「所親見、所習聞者」（畫簾緒論序）。寶祐元年，胡太初守處州，外舅陶某之子陶雲翔寄來畫簾緒論，在朋友建議下，太初乃將其付梓。宋度宗咸淳九年（一二七三），左圭輯刻百川學海，是爲流傳至今最早刊本，亦爲後世諸本之源。元末明初陶宗儀所編説郛、清嘉慶九年（一八〇四）

張海鵬刻學津討原、道光十五年（一八三五）劉際清刻青照堂叢書，其中所收晝簾緒論之底本均爲百川學海本。明成化七年（一四七一），宜興令何鑑刊刻是書，謝庭桂爲之校正，是爲單行之本，頗不易得，民國葉德輝曾有收藏，見郎園讀書志。清乾隆年間修四庫全書，晝簾緒論底本爲鮑士恭家藏本。覈之吴慰祖四庫採進書目，知鮑士恭進呈者，亦爲百川學海本。

傳世晝簾緒論版本中，基本源自左圭百川學海本，版本差異很小。故本次整理以影宋百川學海本爲底本，校以文淵閣四庫全書本（簡稱文淵閣本）、青照堂叢書本（簡稱青照堂本）、學津討原本等。並根據文意重新分段，以便於閲讀。書末擇要附有書目題跋，以裨研究之用。

注　釋

〔一〕張淏寶慶會稽續志卷六進士，見宋元方志叢刊，北京：中華書局，一九九〇年，頁七一六二。

〔二〕周應合景定建康志卷二八建康府教授題名記，見宋元方志叢刊，頁一八〇七。

〔三〕佚名撰，張富祥點校南宋館閣續録卷八官聯二秘書郎，北京：中華書局，一九九八年，頁三〇七。

〔四〕潛説友咸淳臨安志卷五〇秩官八兩浙轉運題名，見宋元方志叢刊，頁三七九六。

晝簾緒論序

析圭分爵，從政涖民等爾，而於治邑獨憚焉，鑊湯以喻其煎熬，僨債以狀其不得已之意。嘻！邑非果不可爲也，或者材與學未之副也。

外舅通直天材家學見稱于時，試邑香谿，游刃無全牛矣。將有行也，規規問政，若無所能者，豈非以衆所憚不敢易視歟？謙訪再三，辭不獲命，迺退而冥搜疇昔鯉庭所親見、所習聞者，條爲十有五篇，目曰晝簾緒論，以代郊餞之什。夫爲政，本不可以言語文字傳也，而所能言者，又特政之糠秕，烏用是呶呶哉！昔傅琰父子爲令，並著能名，乃有所謂理縣譜，然則言語文字容可傳也。神物啓祕，縣譜復出，是編幸投之苦海云。

端平乙未季夏吉日天台胡太初述。

盡己篇第一

涖官之要，曰廉與勤，不特縣令應爾也。然縣有一州之體，而視民最親，故廉、勤一毫或虧，其害於政也甚烈。且人孰不知廉吾分内事也，物交勢迫，浸不自由。素貧賤者，有妻子啼號之撓；素富貴者，有口體豢養之需。喜聲譽則飾厨傳以娱賓，務結托則厚苞苴以通好。又其甚者，婚男嫁女，囊帛匱金，皆此焉是資。雖欲廉，得乎？

貪黷亡恥之人，固不暇恤，稍有畏清議者，亦不過曰：「吾上不竊取於公帑，下不妄取於民財，足矣。收買飲食，素有官價，吾行之奚愧？供需賓客，例斂吏貼，吾循之奚怍？」不知以官價買民物，民貧其何以堪？而責吏供需，他日吏以曲法受賂敗，令責之得無愧辭乎？故其要莫若崇儉。苟能儉，則買物不必仗官價以求多也，燕賓不必科吏財以取樂也，苞苴不必講，厨傳不必豐也。涖官之日無異處家之時，而用官之財不啻如用己之財，斯可矣。

又孰不知，勤，吾職分之當然也。聰明有限，事機無窮，竭一人之精神，以扼衆人之姦詭，已非易事。況有愚暗無庸者，一切聽可否於吏手。苟且取具者，率多黜智能於不用，甚則銜杯嗜酒、吹竹彈絲，圖享宦遊之樂，遂至獄訟經年而不決，是非易位而不知。詞訴愈多，事機愈夥，卒不免於司敗之見詰，縱有鋭意自强者，幾何人哉？自其醻應日繁，心力日耗，方虞稅駕息肩之無其所，何幸吏牘已備，俛首涉筆，終亦歸於茍道而已。故其要莫若清心，心既清則雞鳴聽政，所謂一日之事在寅也。家務盡屏，所謂公爾忘私也。勿以酒色自困，勿以荒樂自戕也。今日有某事當決，某牒當報，財賦某色當辦，禁繫某人當釋，時時察之，汲汲行之，毋謂姑俟來日，則事無不理，而此心亦寧矣。

吁！此廉勤之大略也，他猶有可言也。心不可不平，平心則物情無往不燭；怒不可或遷，遷怒則吏民將受其枉。其令必簡，其政必和。非時營繕，所合力懲，託辭科輸，所當痛革。子弟門客，勿令與外人吏輩交接，或恐有往來結托之嫌，則禍起蕭墻，若何拯療？吏民婦女勿令其出入織紝貿易，或恐有交通關節之謗，則事干閨閫，未易施行。勿帶醫術，或有干請，難以相從。勿置親隨，處之内外皆所不便。在己者既已曲盡，則何施不可？何事不公？何盤根錯節之足慮哉？故愚以「盡己」冠之篇首云。

臨民篇第二

令爲民父母，以慈愛爲車，以明斷爲軏，而行之以公恕，斯得矣。今之爲令者，知有財賦耳，知有簿書期會耳，獄訟一事已不皇悉盡其心，撫字云乎哉！教化云乎哉！昔陽城自署曰：「催科政拙，撫字心勞，考下下。」陽城已矣，誰肯甘心下考，而竭其撫字之誠者？不知九重以赤子授之令，固望其字吾民也，而可孤所寄乎？故令視事之初，其先務有四：

曰崇學校。夫士者，民之望也；鄉校者，議政之地也。諸學奠謁之餘，便當延見衿佩，假之以辭色，將之以禮意，詢風俗之利病，諮政事之得失。廩餼必豐，課試必謹，其端厚俊秀者獎異之，其詞訟蔓及者覆護之，其凌辱衣冠者懲治之，則士悦而知慕矣。

曰獎孝弟。人情敬其父兄則子弟悦，故當首延父老，以寓敬愛之意。然後博詢鄉曲，其有孝友著聞、行義卓異者，必屈己求見，必置酒登延，護其門閭，寬其力役，使邑人靡然知效。或有兄弟訟財、親族互訴者，必曲加諷諭，以啓其愧耻之心，以弭其乖争之習，聽其和允，勿事研窮，則民俗歸厚矣。

曰勸農桑。令以「勸農」繫銜，朝廷以勸農著令，非不勤至。今也不然，歲二月望，爲文數行，率同寮出近郊，集父老讀之，飲食鮮少，甚至折錢。事畢，即自攜酒肴妓女，宴賞竟夕，實意安在哉？令到官之始，不必姑俟來春，便當以農桑衣食之本，諄諄然喻之，而所以妨害病擾之者，必懲必戒，則民斯咸安其業矣。

曰略勢分。令爲近民之官，而今也，民視令不啻如天之遠，如神明之可畏，銜冤茹苦，無由得入令尹之門。幸而獲至其前，則吏卒禁訶，笞朴交錯，畏懦者已神銷氣沮矣。故欲通下情，莫若大啓門庭，屏去吏卒，躬自呼之几席之前，康色詰問，以盡其所欲言。其壅蔽不得達者，則設鑼縣門之外，俾自扣擊。如是，則民情無有不獲自盡者矣。

行斯四者，他如賑恤之不可不時，追逮之不可或濫。毋事横斂，毋事酷刑。非甚不便於民，不必好爲更革；非甚宜益於民，不必輕爲興舉。其餘節目，皆當次第而廣充之。

雖然，愛民之要，尤先於使民遠罪。夫民之麗刑，豈皆頑而好犯哉？愚蒙亡知，故抵冒而不自覺。令宜以其條律之大者，榜之墻壁，明白戒曉曰某事犯某法得某罪，使之自爲趨避。其或有犯，到官哀矜而體察之，照法所行與殺一等，亦忠厚之德也。若悉欲盡法施行，則必流於酷矣。昔卓茂爲密令，諭其民曰：「我以禮教汝，汝必無怨惡；以律治汝，汝何所措其手足乎？」吁！此仁人之言也，凡爲令者，宜寫一通，寘之座右。

事上篇第三

令領一邑，太守察之，諸監司察之，所以防汙虐、戒曠敗也。公正自飭，廉謹自將，固令所當持循。職事攸關，尤合加察。轉漕司惟財賦耳，縣道賦入自有定數，率是輸之郡家，本自無甚干涉。其他户婚詞訴，吾惟決之以公，奚懼焉？常平茶鹽司惟廩役與鹽課爾，不産鹽不繫銜處，於鹽無預。若齊民之差役，公吏之敘役，與夫常平、義倉之斂散，吾無偏私，無侵移，又奚懼焉？

惟提點刑獄司則視諸司爲獨重，何則？刑獄，民命所係，苟有過誤，厥咎匪輕。殺傷多委同官驗視，安知其無或疏鹵乎？罪囚淹禁，動經歲月，安保其無或疾病乎？結解公事，惟憑供款，又安信其果無翻異乎？有一于兹，便罹憲網。故惟在我者，無往不謹不審，而又得部使者察其忠實，寬其鞭驅，庶乎可以免厥咎也。

其次，本州則視憲司爲尤重，何則？州、縣一家也，令之視守，猶子弟之於父兄也。情苟不通，事無可集。若財賦，若獄訟，若日生事務，無一不與相關。而縣之最被害者，莫若不時專人。每專人一來，陵蔑名分，擒捽吏貼，大者數百千，小者百餘千，方得其去。又其次，二税專差吏拘催、酒税專差吏監督。日食之供需、公事之懇告，令無不聽命惟謹。甚而擅興威福，轄養娼妓，需覓器用，裒取錢物，無所不有。

令謁郡之始，便當明禀史君，某職事不敢不勉，而縣家苟有不逮，亦乞加體恤之仁。仍乞給紫袋曆二道，絡繹往來，彼此咸慎書之〔一〕，庶幾事情無有不達，而文移之督促可省也。如經兩月事不辦集，然後甘受專人之擾、慢令之罰。若税賦虧日額、酒税虧月額者，率十之四五，却乞遣吏監督，不然告寬轡勒，容竭其長。夫州家亦欲集事爾，差專人、差公吏豈其得已？令若恃其相容，遂至弛怠，公事不集，財賦不登，亦奚咎夫郡之督促哉？

雖然，奉法循理，盡瘁效職，監司郡守之難事，猶可也。惟是臺幙郡僚，或捧檄經從，或移書請託，賓餞稍有不至，奉承稍有不虔，賢明仁厚之人固能推誠相亮。否，則情好易睽，間隙易啓。始於職事相關之際，捃摭横生，甚而使長會聚之時，譏讒肆入，蓋有陰中其毒而獲戾者多矣。故令之待臺幕郡僚者，寧過於勤，毋失之怠；寧過於恭，毋失之簡；寧過於委曲，毋失之率意。而徑行此，亦可以杜無妄之灾矣。

校勘記

〔一〕彼此咸愼書之　「愼」字原作「御名」，避宋孝宗趙昚諱，今回改。

僚寀篇第四

縣之有僚寀，兄弟等也。兄弟有鬩墻之釁，則家用不和，何以幹蠱而禦侮哉？縣僚本無慢長官之心，而每有與令不相能者，非他也，令挾長以臨僚寀，僚寀復睚眦不相下，勢必至於睽且忌。不知縣無州郡黜陟之權〔一〕，合轍而馳，同舟而濟，令苟怡怡相與，孰不竭力以佐令乎？

然相得每難，而相失每易，公事分委佐廳，俾之書判，或意見偶異，或請托所牽，未能與令意合，令輒自行改判，或牒請再擬，則其情易以相失。孰若平心量酌其是否，過廳面議，使之欣然竄易而無怨心乎？佐廳吏人有過，令遽呼上，杖之于庭；縣吏或有咆哮，佐官亦復自行鞭撻。遂致彼此猜忌，因成釁隙，則其情易以相失。孰若致委曲於其本官，令其自行決遣，使之赧然愧服而無怨心乎？

丞簿而下，俸入極微，曾不足以養廉，而令輒拖壓累月。令雖不明支己俸，却或於官錢移易貸用，其何以得同僚之心？故同僚俸給，須當按月支送，或一時匱乏，則明以相告，令亦不當先支己俸及有移貸之私。收支簿曆，使之通知，可也。如是，則又孰不怡然相體能〔二〕，與縣家同休戚乎？

令始至之日，必延見僚寀，歷述弊端，悃愊無華，肝膽相照，職事關係，彼此明言。毋懷忍以含怒，廳吏間諜，彼此斥絶；毋嗜聽以相猜，心同一人，事同一體，則政和而民受其福矣。豈惟民之幸，亦令之幸也。

雖然，同官皆忠良之士，固自悉無可慮，彼有沈鷙很戾者，或挾才以相陵，或侵權以相撓，或陰謫長官之短，或樂受讒者之言，則將奈何哉？令豈無假故疾病，勢必委佐官暫攝，而攝者輒變亂其統紀。縣道庫眼亦有屬佐廳司掌，及有財賦合屬佐廳催督者，而佐官輒視爲己物，不與縣道通融，則又將奈何哉？

吁！此當以誠感，不當以勢争。以誠感則禮意必周，懇白必豫，使之自有所不敢爲；以勢争則意義日睽，釁隙日甚，或相訐，或互申，弊有不可勝救者。此令所當深戒而早圖者也。

校勘記

〔一〕勢必至於睽且忌不知縣無州郡黜陟之權　「不知」青照堂本、學津討原本、文淵閣本作「不和」。作「不知」則從下，「不和」則從上。

〔三〕則又孰不怡然相體能　「能」字青照堂本、學津討原本作「悟」。

御吏篇第五

人皆曰御吏不可不嚴，受賕必懲無赦。不知縣之有吏，非臺郡家比。臺郡之吏有名額，有廪給，名額視年勞而遞升，廪給視名額而差等，故人人皆有愛惜己身之意、顧戀室家之心。乃若縣吏則不然，其來也，無名額之限；其役也，無廪給之資。一人奉公，百指待哺，此猶可也。縣官日用，則欲其買辦燈燭柴薪之屬；縣官生辰，則欲其置備星香圖綵之類。士夫經從，假寓館舍，則輪次排辦；臺郡文移，專人追逮，則裒金遣發。其他貪黷之令，誅求科罰，何可勝紀？嘻！彼財何自來哉？稍有貲産者又孰肯爲吏哉？非飢寒亡業之徒，則駔狡弄法之輩。非私下盜領官物，則背理欺取民財爾。

愚嘗妄思周官胥徒府史之制，有名職、廪稍之供，是以吏皆廉平，俗亦醇厚。今時殊事異，縣道財賦煎熬，救過不暇給，而暇辦吏俸哉？此説殆類談河。爲令之計者，亦不過曰廉以率之耳。其身正，不令而行。常堂供需、生辰獻壽等一切罷去，我既不科求於吏，吏縱未知悛改，在我責之可無愧辭。然後弄權者必懲，犯法者必斥。

至有稍能任事之人，令或倚以爲用。彼輒妄自誇説，謂事無小大，是非曲直，率由於我，汝乞我金若干，我令汝事必勝。已而果然，甚至駕説於本官，以爲巧取之地。吏之溪壑未飽，而令之惡聲已彰矣。間有縣令精强者，一切不肯任吏，吏則廣説道理，曲爲游揚，使令不容不從其言。此術又不行，則必於令啓處之間，自與儕伍私相評議，使其語陰入於令之耳。令不之察，謂其無心之言，從而信之，而不知已墮其計中矣。吏之姦詭萬狀，最不可不深防密察。

故欲吏之不受賂，斷無可行之策，但使事事清明，人無觀望，知吏之不必囑，賄之不可行，已爲政之善矣。乃若俗自醇厚，吏自廉平，非如前所謂循周官之制不可也。波流日靡，孰挽而東，徒增太息云爾。

聽訟篇第六

孔子曰：「聽訟，吾猶人也。必也使無訟乎？」人情漓靡，機事横生，已難使之無訟，惟盡吾情以聽之而已。縣道引詞，類分三八，始至之日，多者數百，少者亦以百數，令憚其煩，遂有展在後次併引者。不知省訟固自有道，若憚煩拖後，積壓愈多，雖竭其精神，難理矣。或謂不拘日子，有狀即受，可免積壓。然縣家事多，若日日引詞，則訴牒紛委，必將自困。不若間日一次引詞，却將鄉分廣狹分搭，遇一則引某鄉狀，遇三則引某鄉狀，遇五、遇七、遇九各引某鄉狀，不得攙越，庶幾事簡易了。且彼有一時忿激便欲投詞，需日稍久，怒解事定，必有和勸而不復來者。此其當行者一也。

分鄉定日，此止可爲常事。設若鬭毆、殺傷、水火、盜賊不測等事，亦俾待次，不亦晚乎？却如前之説，置鑼於縣門之外，不以早晚，咸得自擊，鑼鳴，令即引問與之施行。若有事情急迫，合救應者便與救應，合追捕者便與追捕，合驗視者便與驗視，却不可因循失事。此其當行者二也。

詞訟到官，類是增撰事理，妄以重罪誣人，如被毆必曰殺傷，索財必曰劫奪，入其家必誣以作竊，侵墳界必誣以發墓。此類真實固有，而假此以覬有司之必與追治者，亦多要當明立榜文，嚴反坐之法，須令狀尾明書「如虚甘伏反坐」六字。異時究竟，果涉虚僞，斷當以其罪罪之，則人知畏而不敢飾詞矣。此其當行者三也。

詞訟在官不與結絶，所以愈見多事，每一次受牒，新訟無幾，而舉詞者往往居十之七八，徒費有司之閲視，徒勞人户之陳請，不若先行告示，凡有詞在官，如易於剖析，即與施行。但有追會不齊，究實未到，合聽有司區處，不應疊疊陳詞。今以兩月爲期，如兩月之外不覩有司結絶，方許舉詞，不然並不收理。此其當行者四也。

縣道每有姦狡頑嚚之人，專以教唆詞訟、把持公事爲業。先當榜文曉諭，使之盡革前非，若有犯到，官定行勘杖刺環，押出縣界，必懲無赦。凡遇引問，兩争應答之辭與狀款異，此必有教唆把持之人也。須與研窮根勘，重寘于罰。此其當行者五也。

凡與一人競訴，詞内必牽引其父子兄弟七五人，甚至無涉之家，偶有宿憾，亦輒指其婦女爲證，意謂未辨是非，且得追呼，一擾，費耗其錢物，凌辱其婦女。此風最不可長。令須察其事勢輕重，止將緊要人點追一兩名，若婦女未可遽行追呼，且須下鄉審責供狀，待甚緊急，方可引追。此其當行者六也。

不應爲有罪，不許因事告事，法令昭然。而今之爲令者，喜聞人家隱微，於是告訐之風滋長，甚至收人白劄子，見之施行，於是愈無忌憚，妄行指摘，而民無寧居之日矣。此亦合預行榜諭，告訐者未問虛實，先坐不應爲罪。若狀詞本訴之外，因而告首其家隱微者，亦勿聽理，併先坐罪。此其當行者七也。

引到詞人供責，必須當廳監視，能書者自書，不能者止令書鋪附口爲書。當職官隨即押過，其事輕理明、不待證會者，自可隨手決遣。若涉追證，費勘會，亦只憑此初供，最不可押下案，致令胥曹得以恐脅說誘，而使之變易真情。此其當行者八也。

大凡蔽訟，一是必有一非，勝者悦而負者必不樂矣。愚民懵無知識，一時爲人鼓誘，自謂有理，故來求訴。若令自據法理斷遣而不加曉諭，豈能服負者之心哉？故莫若呼理曲者來前，明加開説，使之自知虧理，宛轉求和，或求和不從，彼受曲亦無辭矣。此其當行者九也。

令每遇決一事，案牘紛委，憚於徧閱，率令吏摘撮供具，謂之事目。不知吏受人囑，其理長者不爲具出，而理短者反爲聲説，以此斷決多誤。不若令自逐一披覽案卷，切不要案吏具單。兼勝者固有理，而負者亦未嘗無道理可説，特不若勝者之多耳。令合先述其是而折其非，則負者雖欲番訴，不可得矣。此其當行者十也。

此姑論其大略。若夫隨機應變，遇事酌裁，神而明之，使民宜之，則在明有司。

治獄篇第七

刑獄，重事也；犴狴，惡地也。人一入其中，大者死，小者流，又小者亦杖，寧有白出之理？脱或差誤，胥吏奚恤其咎，必屬之令，縱可逃陽罰，亦必損陰德，詎可不加謹哉？一曰禁繫必審，二曰鞫視必親，三曰墻壁必完，四曰飢寒必究，五曰疾病必察，六曰疑似必辨，七曰出入必防。

令每有私忿怒，輒置人于圄，兩争追會未圓，亦且押下。佐廳亦時有遣至者，謂之寄收。長官多事，漫不暇省，遂致因循淹延。不知一人坐獄，闔户抱憂，飽暖失時，疾病傳染，殆有甚可慮之事。而又有合共處、不合共處者。蓋兩争若使異牢，則有賂者可使獄吏傳狀藁、通信息，而無賂者必被其害。孰若使之共處，可以互相察視乎？健訟之徒，樂入囹圄，因得以唆教獄辭，變亂情節，孰若别處一牢，而使之不得與餘囚相近乎？羸老之人，必察其有無疾病，或致沉重，徒見費力。婦人女子，必察其有無娠孕，脱有墮墜，無以自明。此所以禁繫之不可不審也。

在法，鞫勘必長官親臨。今也令多憚煩，率令獄吏自行審問，但視成款僉署，便爲一定，甚至有獄囚不得一見知縣之面者。不知吏逼求賄賂，視多寡爲曲直，非法拷打，何罪不招？令合戒約推款，不得自行訊鞫，公事無小大，必令躬自喚上，詰問再三，頑狡不伏，盡情然後量施笞榜。周官有五聽之法，亦以獄情難測，不可專事箠楚也。

在法，一更三點，長官親自定牢。今也聽政無暇，則委佐官；飲酒相妨，則委典押。不知脱有逃逸，咎將誰執？况吏輩受賂，則雖重囚亦與釋放安寢；無賂，則雖散禁亦必加之縲紲，最不可不躬自檢察。昔熊子復宰暨陽，日間不時趨獄點視，夜則置一鈴，其索直達寢所，夜半掣鈴，獄卒應喏，否則必罰，由是並無不測之虞，最爲可法。此所以鞫視之不可不親也。

今在在州縣，獄多有頹墻敗壁不甚完固者，固當亟加整葺。然重囚姦態萬狀（一），尤宜深防。每有獄吏受重囚賂，放其自便，日間囚以飲水爲名，將水潠壁，浸漬泥濕，夜深則鑽壁踰墻，倏然而遁。吏卒睡熟，無由知覺，洎覺，則追之已無及矣。此最利害，令當審量罪囚輕重，重者勿使處近壁之匣，墻之上必加以茨，壁之内必夾以板，每五日一次躬自巡行，相視有不完處，隨加修補。戒飭吏卒，每夜不可止留一人直更，須要每更輪流兩三人，明燭巡視諸牢。次早，令出廳，先詣獄點名，然後僉押文字，日以爲常。墻壁之當完者如此。

獄囚合給糧食，自當於經費支破。有因縣道匱乏而責諸吏者，不知官給尚欲減尅，而可使吏供輸乎？寧節他費，此不可節也。人當日給米二升，鹽菜錢十文，朝巳晚申，立定程式，獄子聲喏報覆，令躬點視，然後傳入。其有家自送飯者，當即傳與，仍點檢夾帶毒藥、刀仗、銅鐵器皿、文字之屬。

春夏天氣蒸鬱，須與疏其窗櫺，蠲其穢汙，使不至卑濕奥渫，致興疫癘。如稍向寒，便當糊飾户牖，支給綿炭，使各得温暖和適，可免疾患。飢寒之當究者如此。

不幸獄囚有以疾病告者，將奈何哉？曰：此不可不察也。有實病而吏不以告者，有未嘗病而吏誣以告者，蓋吏視囚猶犬豕，不甚經意，初有小病，不加審詰，必待困重，方以聞官，甚至死而後告者。若有貲之囚，吏則令其詐病，巧爲敷説，以覬責出，漸爲脱免之地。此令所當深察，責在推司，日具有無疾病申令於點視之際，又自躬加審察。如以病告者，且與召醫治療，日申增減，其甚困頓不可支者，然後責令親屬保識前去。若必待病重方始聞官者，推吏必寘于罰，不然萬一死者接踵，憲司歲計人多，令能免咎乎？

又不幸獄情有疑似而難明者，將奈何乎？曰：此不可不辨也。世固有畏懼監繫、覬欲早出而妄自誣伏者矣，又有吏務速了、强加拷訊、逼令招認者矣，亦有長官自恃己見、妄行臆度，吏輩承順旨意、不容不以爲然者矣。不知監繫最不可泛及，拷訊最不可妄加，而臆度之見最不可恃以爲是也。史傳所載，耳目所知，以疑似受枉而死、而流、而伏辜者，何可勝數！諺曰：「捉賊須捉贓，捉姦須捉雙。」此雖俚言，極爲有道，故凡罪囚供款，必須事事著實，方可憑信，不然萬一逼人于罪，使無辜者受枉罰，令得無恔於心乎？

乃若獄門出入之禁，其責專在當日推司，監牢嚴行拘督。應當日而拋離不到者有罰，吏卒非係在獄而輒入者有罰，令自點察之外許人告訐。罪人水火茶飯各須有人監臨，事畢即入元處，不得放令閑散。逐牢内門無故不得輒開，若家屬傳送茶食，不得私令與囚相見，吏卒亦不得因而與之傳遞信息，漏泄獄情。此皆所當深致其防者也。

夫縣獄與州郡不同，州郡專設一官，故防閑曲盡；縣令期會促迫，財賦煎熬，於獄事每不暇詳謹。罪之小者，縣得自行決遣；罪之大者，雖必申州，而州家亦惟視縣款爲之憑據，則縣獄豈不甚重？而令之任責豈容不曲盡縣心哉？故愚於此反覆諄複，不嫌於贅。

校勘記

〔一〕然重囚姦態萬狀　「重囚」原作「罪囚」，據青照堂本及下文「每有獄吏受重囚賂」改。

催科篇第八

今之作縣者，莫不以催科爲先務，而其弊有不勝言者。最是鄉胥走弄，簿籍漫漶，不惟驅督不登，縣受郡之責；抑亦逼抑過甚，民受官之害。邇者廷紳奏請，以十户爲一甲，一甲之中擇管額多者爲首，承帖拘催，自浙而江，往往行之已徧。今不當别爲規約，止是就此察其弊，而圖其官民兩不相病者爲善耳。

愚嘗思之，去官之病者，爲説有三；去民之病者，爲説亦有三。其一曰：民户合管産業，籍之于縣；縣道合抱税額，籍之于州。州視額督趣，縣視産起催，此常式也。然多有坍廢，有逃絶，郡雖迫之縣，縣實無可催者，官之與吏徒被督責。不若先與刷具事故、數目、實計若干申州，乞差官究實，與蠲其額，容俟他時興復，仍舊起催，仍申省部照會。或太守難之，令能於合催財賦盡數趣辦，使郡用不至匱乏，當亦自能聽從也。

其二曰：起催税物，例是勒逐鄉鄉胥，供具合管數目以憑給引。不知鄉胥與富强之家素相表裏，有税未即具上，或不盡具，至有每年不曾輸官者，却止將善良下户先具催數，或多科尺寸逼令輸納。此只合選稍公實吏人，具出等則，先次起催上三等，而後徐及四等以下户。令又自將前兩年産税簿點看，如吏人當具而不具，與夫當催而不催者，皆有罰。所以不用新造簿而必用舊簿者，防鄉胥爲欺也。若諉曰升降不等，過割不時，畢竟田主雖易而田則未嘗易，自可挨究官物之所在。如是則無陷失之患。

其三曰：每日催到官錢，至夜方有定數，已難入庫，多是寄留廊頭或公吏處，遂至侵貸移易，或有止以虚數影過者。其法合置兩大櫃，且與權行收鎖，來早或躬親或委官點數入庫，不可因循。又須擇家計稍温、行止稍明、有親戚保識人充庫子，每旬休與之點視，及將收支簿曆驅磨。其庫壁須用板夾持，十分堅固。待其欺瞞侵盗之後，雖斷刺估籍，與夫抑勒衆人塡納，亦無及矣。此去官之病當爾。

其一曰：甲帖之設，本以優役户，今乃以困官户。蓋起催，本是户長之責，今官户不應役者亦承帖催科矣。姑置勿論。但差甲首之時，弊倖尤多。有囑者，税額雖多，乃與分爲三數引，而常爲甲下户矣；無囑者，税額雖少，乃與最少下户同引，而常爲甲首矣。不特先期輪納，而甲下十標欲其分給，人户有居于縣市者，有居于外都者，安能一一識認？其家最爲被擾。莫若各隨都分等則，分差一等户止與一等共甲，仍不許將合納數目分作别引。其納足乞改付下次者，案吏不得邀阻，違許執覆，將吏科斷。

其二曰：民户之受害者，莫甚於已納重追，皆由案吏不相關照，鄉胥不與銷豁。夫先期樂輸，本是畏法，而點追苛擾與未納同，又且呈鈔繳引分外費用，人誰肯先輸乎？此合責之典吏，每日將已納户名逐項銷豁，若泛常引標成見印給者，須要典押，用保明印子。若不時點追，令自判押者，兼要鄉胥保明「即非重追，如虚甘罪」。異時或有以重追訴者，必加罪於保明之人。

其三曰：妄攤之弊尤不可不禁。夫官户輸納多憑幹人，鄉户則憑攬子。二税起催之初，係攬、幹各於逐處領錢入己，輒將移易盗用。逮官司催督嚴緊，却妄稱已出與某人，合係某人抱納。將來追會明白之後，固自不可逃隱，但圖一時，且得抵睚數限，逐旋措辦，而被攤、被追者果何辜哉？下户之頑狡姦猾者，計亦出是。要須每遇追到供攤者，先責狀附案，如虚甘受欺隱官司之罰，然後方與追理。事果虚妄，斷在必懲。此去民之病當爾。

夫有田則有賦，頑猾抵官者誠所當治，而善良樂輸者要當與之覆護，其大要則合於移割加之意焉。蓋産去税存，不可不察。民有以出業報者，便當關會受業之家，割税歸户，然後却與除退，庶幾無泛追、無濫罰、無推攤抵睚之弊。此則正本澄原之地也。

理財篇第九

縣自常賦之外，一孔不可妄取諸民。雖有理財之策，奚其施？亦惟於酒稅加之意而已。酒稅解郡，月有常額，措辦不及，亦懷惴惴之憂，況望其餘裕可助縣用哉？雖然，經理有方，亦未嘗不沛然也〔一〕。

今之言酒者，不過曰官課之所以不行者，私酤害之爾。貼榜張旗，専遶巷陌，鳴鑼捜隊，遍走街坊。脱有斗升敗獲，到官便輒枷訊，禁繫累月，蕩其生理，妨其營趁，率至於飢餓病困之域，猶之可也。人有私隙者便輒誣以鬻酤，密來首陳，意在擾害。官司不問虚實，輒差弓手轎番，數十爲群，持仗突入，遍捜房室，繞打墻圍，無異於大劫盜。不知人之所以冒法私飲者，皆由官醞不堪入口。我苟留情酒政，六物必良。其在庫也，謹滲漏隱瞞之弊；其在店也，防夾和尅退之欺。酒司之外，專差典押、吏人各一名任責措置。如發賣流通，利息增衍，則典押、吏人、酒司、酒匠皆量支犒賞，否則有罰。官醞既多且旨，誰肯私飲以自速辜？故雖榷禁不嚴，驅之亦不從矣。

今之言税者，不過曰官額之所以不登者，商賈瞞隱爾。於是嚴捜邏之策，遣差攔頭、弓手等輩，於界首攔截，動至三數十里之外，誅求客旅，溪壑亡厭。得厚賂則私與放行，徑不令其到務商税；不伏予以賂者，則被擒到官，倍税之外，費用如故，猶之可也。其所差攔頭、弓手，又復將帶游手惡少，遍走鄉村，以捉税爲名，打斃人家雞犬，搶奪行旅籠仗，固有望風畏遁，轉相告報，取他道而去者矣。不知督促之嚴，征斂之重，是乃驅之使不敢至。不若多出手榜，四散貼示，明諭重征之弊，自此革絶。照則例合行收税一貫文者，今且權收八百或九百，其攔典合干人等費用，一切痛革。商税一畢，便給由子證應出縣，更不許攔典稽滯乞覔〔二〕。若商旅不經縣務投税，輒行私路遁去，爲本縣所獲，定將物貨倍税之外，更與勘斷，令衆候替，斷不輕貸。蓋取之雖少而來者則多，課利自然盈衍，孰不願出其塗哉。

此外則有牛、驗、醋息，與夫茶、麥、牙契、免丁、房賃，自可隨宜拘催。近來諸邑，别欲增衍，多有出賣官紙者。吏人行遣，人户投詞，非官紙不用，此本非法令所許。若縣道藉此支用，已非一日，難於頓罷，姑與循舊，但不可創例作俑耳。今之士大夫又有專務科罰者，公吏有過，則令罰直若干；人户論訴理曲，合與斷罪，乃以修造爲名，各罰錢入官若干。不知此錢果歸何地耶？甚而羅織罪名，恣行抄估，信受妄狀，没人産業，皆令所當深懲而痛革者也。若夫坊場、經總、役錢等，多屬佐廳，故不復云云。

校勘記

〔一〕亦未嘗不沛然也　「未」字原作「夫」，據文淵閣本改。

〔二〕更不許攔典稽滯乞覓　「更」字原作「吏」，據青照堂本、學津討原本、文淵閣本改。

差役篇第十

有身斯有役，而民之畏役，甚於畏死。蓋百年治生，壞於一年之充役。而其患之大者，在於催科。始則用財囑托，期於脱免；中則逃亡死絶，被抑填陪；終則箠楚禁錮，連年莫脱，其勢不至於傾家蕩産、鬻妻賣子不止也。吁！置産以養身，而反因産以害身，亦可悲已。

今既行紹興甲首之法，可免税長、催頭之責，則應役者不過輯保伍、應期會而已，民亦不至甚憚而巧計以求免也。況自嘉定間朝廷主張義役，自處、婺舉行，馴至諸郡邑，莫不響應，行之既久，官民咸以爲便。昔有持庾節者，乃獨深惡義役，其説專謂利上户而不利下户，便富民而不便貧民。蓋視産出財，固爲均適，而平日産力鮮少、未嘗充役者，乃因義役，例被敷金。及有管掌不得其人，或致侵漁盜用，又不免再行科率，故深以爲民病。不知義役本美事，但止令合充役人裒金聚廩，而不及未嘗充役者。兼令出財户輪年掌管，萬一虧折，亦有責償之地，便爲盡善，何必深惡之耶？

今在在州縣，多是義役，若猶未也，亦宜勸勉爲之。萬一事勢或有難行，止合從官司每歲差役，則其要當先委佐官驅磨産力簿，及許人陳首詭挾。俟簿書物力一定，然後照各鄉則例，物力及若干方令充役。最小者充一年或半年，倍與倍差者，各隨多寡增年限循環充，周而復始。如是，則亦無物力高而歇役近與物力低而歇役久者争執之患。若有元係不應充役白脚，而近來增置田産、歸併詭挾物力，亦當及役，則且差白脚。仍爲圖揭之坐右，以便閲視。

某都某人某日當滿，每將滿數月前，先行擬差下次役人，告示知委。如差不當，仰即來陳理，不許臨役方行推托。蓋近來官司多是役滿方差下次人，被差之人不問當否，且行推托，圖得遷延，待就役時已被其睚過若干月日矣。而烽火、盗賊等事，無人任責，最爲利害。今之鄉司差役率是受賂，甲訴不當則轉而差乙，乙訴不當則轉而差丙，此風尤不可長。使前之所差非，則鄉胥豈得無罪？前之所差是，則今豈應復改而至於再、至於三耶？若當職官自能參酌簿籍，從公定差，當無是非舛錯之患。差定合具圖子，申倉司照會，以杜其妄訴之漸，則所差既當，而民斯樂於就役矣。

賑恤篇第十一

歲獲大有，家用平康，不惟民之幸，實令之幸。一罹灾歉，何事不生？若流離，若剽奪，若死者相枕籍，啼飢連阡陌，豈非令之責哉？故不幸而疫癘倏興，則當遣吏抄劄家數人口，命醫給藥，支錢付米。其全家在寢者，官爲庸倩丐徒看直，每日兩次點察。其因病不救者，官爲辦給函木，仍支錢與之津送。

或不幸而盗賊竊發，則當下都申嚴保伍。每五家爲一甲，五小甲爲一大甲，保長統之。有警則鳴梆集衆，協力勦捕；捕到則官支犒賞，激厲其餘。若乞兵防拓，若出榜撫諭，皆當隨宜行之。

其有水火挻灾，人民離散者，當禀白州郡，借貸錢米。人各以若干米給之，若干錢貸之，使之整理室廬，興復生業。不贍則咨目偏白不被害上户，量物力借貸，併與貸給齊民。許其一月之後日償若干，官却以其所償者償之上户，償之州家。此策不虧官而便民，最爲盡善。若但知賑給，則恐如曾南豐所謂「相率日待一升之禀于上，勢不暇乎他爲」。吾恐官之所給無已時，而民之不復業如故也。

其有旱澇傷稼，民食用艱者，當勸諭上户各自貸給其農佃，直至秋成。計貸過若干，官爲給文墨，仰作三年償本主。其逃遁逋負者，官爲追督懲治。蓋田主資貸佃户，此理當然，不爲科擾，且亦免費官司區處。官之所當處者，只市户耳。却以官錢貸米鋪户，令其往外郡邑販米出糶。但要有米可糴，却不可限其價直，米纔輻輳，價自廉平，雖無待開廣惠倉可也。昔先君宰金谿，兩年值歉，只行此策，民用無飢，不可不知也。

然此皆爲灾歉設也，非令所願聞也。平居無事，令所以恤民者惟蠲放僦金耳。雨暘祈禱，大暑極寒，固所當行，甚而知縣無以邀民之譽。或到官，或生辰，或轉秩循資，或差除薦舉，率放免若干日，至有一歲放及太半者。不知僦金既已折閲，誰肯以屋予人？積至塌壞傾摧，不復整葺，而民愈無屋可居矣。是蓋不知貧富相資之義者也。令果能以恤民爲心也，則政必簡，刑必清，毋濫追，毋久繫，不以科敷傷民力，不以土役妨民時，果何事而不可行吾恤之之心哉！

用刑篇第十二

縣無甚重之刑，小則訊，大則決，又大則止於杖一百而已。吏民無甚愆過，便輒以杖一百加之，不知罪或大於此，又將何術以處之哉？而況行杖者，或覬望聲勢，或接受賄賂，行遣之時，殆同兒戲。此非所以使人畏，乃所以使人玩也。愚謂杖一百之刑最不可數施，訊決亦止可十數下，若大杖止七五下或十下，須令如法決遣。下下嚴峻，然後人自畏服，初不在乎數目之多，徒爲行杖者賣弄耶。若杖一百却留爲極典，非大過犯、大愆誤不施，須令人人畏懼而不敢犯此，則省刑之大略也。

每姦盗辟囚獲到之初，首行腿訊，多至二三百下。此其不可者一也。蓋被獲到官，沿涂縶縛拷打，或飢餓困頓，已非一日。若又即從而訊決，多有斃於杖下者，孰若徑押下獄，明正典刑耶？

豪强之家論訴鄰里，官司不問是非，便與行遣。此其不可者二也。蓋杖決雖微，王法攸寓，不可妄加無罪，豈應副人情之具？若徇其私請，張其聲勢，將來武斷鄉曲，稔惡積愆，欲救之無及矣。

盗賊累犯，合與刺環。今有初犯及盗不滿疋者，一爲勢利所怵，便與斷刺。不知鞭撻至慘，肌膚猶有可完之時；一經刺環，瘢痕永無可去之理。所犯出於一時不得已，而被罪至於終身不雪。此所當戒者三也。

凶惡害民，合與永鎖。今有偶觸長官之怒及勢家所惡者，便與幽之囹圄，繫之尉寨。不知罪不至死，一身之困躓難逃，身既被囚，數口之飢寒孰給？所謂破家縣令，皆是之類。此所當戒者四也。

乃若用刑之節，如入夜有禁，遇日當禁，皆當時時警省。老幼不及，疾孕不加，皆事事審察，令甲備著，毋待多云然。

又有三説，一我醉，二彼醉，三羸瘠。蓋我醉而行刑，則傍觀必以使酒疑我，萬一果有過當，雖悔奚追。彼醉而加刑，則酩酊之中何知畏懼，萬一挾酒淩犯，取辱貽羞。羸瘠而受刑，則必其人飲食之闕違，氣力之困憊，笞箠之下尤有不可測者。今又有人求加於杖一百之外，自知徒流以上不可用，乃輒搥折手足，尤爲殘忍。某事某罪，國有彝章，法外戕人，豈字民之官所當爲者？戒之哉！戒之哉！

期限篇第十三

凡事非信不集，況一邑之事至爲總總，一令之威無甚赫赫，乃使期限不信、號令不肅，其何以行之哉？故其要莫先於立限之堅。然立限有別，應限有程，泛常追會，止給「到限」，許其三次申展，三展未圓，厥罰訊若干；然後換給「定到」，許其二次申展，二展又未了，厥罰決若干；仍換給「不展」引，此則誠不可復展矣，若更稽違，則當勘杖若干，枷監追集。如有督捕緊切之事，則當徑出「定到」之引或「不展」引，拘確如前。然或恐縣道有十分緊急事務，非可以頃刻稽違、斷欲必集者，則當給加牌「不展」引。此牌引違，則有大罰，如勘錮，如傳都，皆當先示戒警。又須以不數用爲尊，一歲之中才三數次給發，非有大故不發亦可。凡限當展不展，敢於故意藏匿者，厥罰則視限之重輕。立限之別如此。

都有廣狹，地有遠近，當量其力使之，可以趁赴。其去縣五十里以上及地分稍廣、隔涉溪嶺者，每限以七日或十日爲約，下此者則以五日爲約。此合先考遠近廣狹之數，預立規式，置簿明署某都限例十日或七日，某都限例五日。逮給限之時，須令直日廳吏就案頭隨即抄記，以俟令之自行稽察。應限之程又如此。

夫上之役下，固欲集事；下之應役，亦欲事集以免過爾。而今之里正，以期會不報被笞索者纍纍也。其弊在於上之給引泛濫而無統，甚至一次當限累數十引，追逮百餘輩。其里正之代役者，自知應赴不及，必遭笞決，於是併與其可以辦集者一切稽違，却遍求被追者之賂。其意以爲十違二三與十違七八被杖等爾，何苦不求賂哉？由是事愈難集。此蓋役之者非宜，自難責其下之必應也。要當先令限司立定規式，每都一限，給引不得過十件，如事多，十引之外餘引與給後限。若里正違引，一件與免笞，兩件量加笞決，三件四件各決若干，甚至十違八九則勘杖錮身，不容輕貸。呈比之初，令限司先自具出某都申展若干件，照約束合若何行遣。其追人見到者，謂之「著到」，別作一沓；其止是申展者，謂之「蹺申」，又別作一沓。然後令視櫝判行，庶乎上不煩而下不慢。此亦拘限之大綱也。

勢利篇第十四

今之從政者，類以抑强扶弱爲能。其説曰：「貴者勢焰熏灼，而喑嗚叱咤，可使賤者奪氣；富者田連阡陌，而指麾拱揖，可使貧者吞聲。吾能中立不移，嚮貴沮富。」故凡以勢利至者，不問是否，例與摧抑。

嘻！彼有畏首畏尾惴惴焉，勢利之臨，曲法徇情，奉承惟謹，求以爲自全自媚之計者，是誠不足齒矣。然使一切以抑强扶弱爲説，亦豈中道哉？夫挾貴以陵人，固有之矣，亦豈無不驕者乎？挾富以傲物，固有之矣，亦豈無好禮者乎？使其例以矯世絶俗爲心，而不問其事之曲直非是，則此風既長，佃者得以抗主，强奴悍婢得以慢其弱子寡妻，以至姦滑之徒飾爲藍縷，而市井小輩凌辱衣冠末流，將奈何哉？故吾惟平心以遇物，則其政平矣。孟子曰：「爲政不難，不得罪於巨室。」巨室者，一鄉之望也，齊民之所依倚者也。其間有道義重士、文獻故家，過從往來，儘可以問政請益，植財潤屋，積粟盈囷，緩急凶荒，亦欲其捐有濟無。巨室本未嘗得罪於我，而我乃遽以抑强扶弱之説先入乎其心，因得罪於巨室，不知巨室果何負於邑大夫哉！

其有陵轢善良，欺慢寡弱，或武斷於鄉曲，或羅織於平民，事若到官，所當照法剖決。然使小人無知，蔑有名分，因事以咆哮，乘醉以憑陵，詎容不與之懲戒乎？其有聲勢凌人，慘酷御下，或吞併他人財產，或强占他人婦女，被苦有訴，所合盡法施行。然使頑狡行竊，誣賴主家，租債不伏了還，界至輒行侵易，詎容不與之理直乎？户門有故，封狀過廳，當量酌可否判行。若兜攬關節，爲他人致委曲，此合平時預行稟白，雖痛絶力卻，其奚辭？追陪節序，饋遺往來，當審度辭受酬答。若因有懇禱，遂以賄賂相及，此合明示嫌疑，力與巽避，將之以委曲之意，其奚怨？夫律己未至，處事不公，一妄庸人，亦得以有辭于我。以誠敬相與，以禮意相遇，彼雖挾勢與利，其敢以撓吾之政哉！故愚謂勢利之交，固不當委曲以相承，亦不必矯亢以自異，平居交際，笑語相歡，非意相干，可以理遣，在我自有定論。若惴惴然懼其持我，疑其浼我，思所以爲防閑抑遏之道，亦非爲政之善者也。

遠嫌篇第十五

禮經曰：「決嫌疑，明是非。」夫我本無有他也，而使人得以疑似之迹議我，妄一男子蓋已不便於此，況出而爲政、將正己以正人乎？ 故我未嘗私且怠也，而人或以是而疑我，是必有不公不勤之迹，有以召人之疑；我未嘗貪且濫也，而人或以是疑我，是必有不廉不正之迹，有以召人之疑。 一事可疑，將無事而不疑之矣；一日可疑，將無日而不疑之矣。 蒙是疑也，我知之，尚不可辨，況人未必肯以是告我，而人之疑我，已自籍籍。 積而傳之道路，達之臺府，厥害豈淺鮮哉？ 故君子於嫌疑是非之間，最當早正其微而力遠其迹也。

且賓朋遊謁，所不可辭，自令延之書院或別室，於是邑人相與語曰：「某往來甚密，其款話甚久，情好必甚相得，利病可以悉言。」凡有訴在官、詞理甚虧之人，往往輻輳其門，而請託之路開矣。 甚者賣廳角、打筆套，甲乞我金若干，當爲轉達百里；乙有請亦若是。 飛蓋馳轂，趨謁縣齋，語話移時，倏然而退，則告甲與乙曰：「已爲致委曲矣。」實未嘗及齒也。 他日令決其事，必有一勝，則如約取金，曰：「將以納之琴堂。」令何辜而受此名哉！愚謂納謁之時，例止當於公廳相見，吏民共覩，自難致疑，但使禮貌有加，彼自不以我爲慢也。

且節序宴會，所不可廢，自聚集娼妓，出入宅堂，其間子弟館客，相見既密，戲謔寧無？賢者固不爲是，然瓜田李下，寧免相疑？一語乖邪，便輒傳播，萬口喧籍，動生風波，而非褻之謗興矣。其甚者，多買姬妾，却令妓女之精於樂藝者教習歌舞，出入無間，笑語無時。豈惟管弦之聲轉徹於街坊，抑亦淫辟之語浸入於閨閫。情好稠密，事體叵量，縱能潔身，其他尤有難於防閑檢柅者，令亦何利而爲此舉哉？愚謂燕會之時，非得台旨，妓女不許輒入宅堂。若旬休公暇，欲與寮寀士友會聚，只爲文字清飲，彼當不以我爲簡也。

剖決公事，自有公理正法，吾亦何心其間？但自知縣懈怠，多令吏人納案，俟暇隙看閱。或呼吏人入與評議，或令吏人擬撰判藁，於是或者得以疑其受成吏手矣。要當於公廳之側幕帟一室，遇暇則據胡床披案櫝，不必使吏至前也。

收到官錢，自有庫眼封閉，吾亦何私其間？但自知縣過慮，或恐帑吏侵貸，盜賊鑽窺〔一〕，乃令分管別庫〔二〕，或俾寄留宅堂，於是或者得以疑其萌意漁獵矣。要當謹固壁落，精擇司帑，切不可率意移徙，徒涉難明之迹。

其他疑似招謗，固亦多端，難以筆舌盡述。但令每處一事，必須昭晰明白，如水清之無滓，如止水之無波，則彼雖欲點汙吹颺，殆有不可得者。若曰我此心平正，無愧俯仰，足矣，奚必規規然遠嫌辨迹、求以示人哉？殆恐將來或有悔尤，必自嫌之不遠、迹之不辨始，雖噬臍無及矣。

校勘記

〔一〕盜賊鑽窺　「盜賊」二字青照堂本作「私爲」。

〔二〕乃令分管別庫　「分」字青照堂本作「共」。

晝簾緒論跋

愚守栝之明年，親友陶雲翔寄晝簾緒論一編來曰：「子前二十載遺我先君，使善治邑香谿者也。我謹藏，不敢墜。今子統邑七，治之皆善。不善子之事，盍還以淑諸。」愚閱之矍然，既而劃然大笑。有客在傍從曳，因又慨然曰：「教玉人琢玉，愚所不敢也。與吾僚寀同歸於振職寡過，愚深所願也。敬聞命。」筆吏尋以謄繕煩猥，告乃傳諸梓。

寶祐改元仲夏吉日天台胡太初識。

附録　諸家題跋

王僎思軒文集卷五晝簾緒論序

晝簾緒論，宋栝蒼守胡太初所著，嘗梓行之，以治七邑者也。論凡十五篇，合萬有餘言，自盡己、臨民以至審勢利、遠嫌疑，爲邑之道大率略備，誠有民社者所宜佩服而不忘也。由宋以來，此論久不傳。吾常貳守，謝君庭桂近自京師得摹本以歸，適進士何鑑來令宜興，請刻焉。蓋治民之職，令最難，其下與民相狎，而上統承于郡、于藩憲、于省部，狎斯玩，統承斯，廢格不行。加以豪胥黠吏，夤緣其間，投間隙以撓之，譴訶汙衊，百責攸萃，使令非仁明脩正，敏辨而果斷，而尤濟之以博雅，行之以忠信，欲望其成治功以追古賢哲，是誠有難能者也。此論凡人情所繫、事機所伏、民隱吏慝之所在，蒐獵無遺，蓋與縣務綱目、作邑自箴諸書相表裏。太初之名不見于史傳，其守栝政績亦無考，然即是觀之，亦可概見其爲人矣。元祐中，吕惠卿留守北京，作縣法一書，説者謂雖古今事殊，而大體不能越惠卿小人之雄於才者。其撰述雖富，然以法令居首，教化居末，可知其爲俗吏，其有愧於太初多矣。今之爲邑者，果能究心於是書，玩索而推行之，牛刀製錦之賢雖未可遽及，其於理劇邑如山陰，晝日垂簾，門階閒寂，蓋恢恢乎遊刃有餘地矣。

謝肇淛文海披沙卷八晝簾緒論

讀胡太初晝簾緒論，知宋時作令之法，與今大率相似。而御吏及賓朋遊謁二事，尤中今日之弊。唯酒税與聚集娼妓，多買姬妾，則今之所禁也。居官者置此書座右，可以寡過矣。

文淵閣四庫全書本晝簾緒論書前提要

臣等謹案：晝簾緒論一卷，宋胡太初撰。太初，天台人，端平乙未，其外舅陶某出宰香谿，太初因論次縣令居官之道，凡十五篇以貽之。後十七年，爲淳祐壬子，太初出守處州。越明年，復得是稿於其戚陶雲翔，遂鋟諸木以授屬縣。其目首曰盡己，次曰臨民，曰事上，曰寮寀，曰御吏，曰聽訟，曰治獄，曰催科，曰理財，曰差役，曰賑恤，曰行刑，曰期限，曰勢利，而終之以遠嫌。條目詳盡，區畫分明，蓋亦州縣提綱之類也。書中臚列事宜，雖多涉宋氏條格，與後來職制不盡相合，然其大旨以潔己清心、愛民勤政爲急務。言之似乎平近，而反覆推闡，實無不切中事情。世説新語載傅氏有理縣譜，其書不傳，牧民者能得是編之意而變通之，則此一卷書亦足以補其缺矣。

乾隆四十六年十二月恭校上。

總纂官臣紀昀、臣陸錫熊、臣孫士毅，總校官臣陸費墀。

學津討原本張海鵬跋

晝簾緒論一書，宋處州守胡太初撰，凡十五篇，皆專爲縣令言居官之法，大要以清、慎、勤三者爲本，而一一皆究其流弊。其所論事勢，雖今昔不同，而情弊無不可以例推者。酒税非今之令，而燒過有禁、牛驗、茶麥、牙契之類猶拘榷；義役非今之法，而偶有簽派，甲訴不當轉及乙，乙訴不當轉及丙，往往借一事而逐層朘削，吏緣爲奸。坍廢、逃亡，剗具事故數目實計申州郡，乞蠲其額，此憲司所必不能行者。而甲首承催、幹攬抱納、妄攤被追之弊，偏僻小邑所常有。縣之吏無恒産自給，一身奉公，百口待哺，令雖率之以廉，而奸猾猶難防察，況欲其給臺郡文移、供需排辦、專差諸費，其財奚自而來？臺幙郡僚，或捧檄經從，或移書請託，賓餞不周，承奉不虔，則職事相關之際，稍有不慎，因而獲咎，此尤深悉。爲令之難，古今無異情者。至盡己必廉勤，臨民必公恕，訟獄明慎，而期限必信，勢利之來以禮意相接，嫌疑之遠以誠身爲本，無不深切事情，開陳爲政之要。閲是編者，洵足爲學古入官之助，獨其情得其理，雖爲令言而實非專爲令言也。嘉慶甲子九月下浣虞山張海鵬識。

周中孚鄭堂讀書記卷二十八

晝簾緒論一卷，百川學海本。宋胡太初撰。太初，天台人，寶祐、淳祐閒歷知處州、汀州事。四庫全書著録，倪氏宋志補亦載之。是編皆詳論縣令涖官之要，凡十五篇，篇各有目，自盡己以迄遠嫌，大要以清、慎、勤三者爲本，而一一皆究其流弊。其所論事勢，雖今昔不同，而情弊無不可以例推之。閲是編者，洵足爲學古入官之助。獨其情，得其理，雖爲令言，而實非專爲令言也。蓋端平乙未，其外舅陶某出宰香谿，因作是書以貽之，亦可謂當仁不讓者矣。又案「晝簾」二字，雖詞人所恒用，而於爲宰無涉，當屬作書者言之，猶曰「曉樓午窗」云爾。説郛、學津討原均收入之。

葉德輝郎園讀書志卷三

晝簾緒論一卷，明成化辛卯何氏刻本。宋胡太初撰晝簾緒論一卷，左圭百川學海中刻之。明弘治十四年，華珵重刻百川學海，一仍宋本之舊。四庫全書總目提要史部職官類官箴之屬已著録。其書單行刻本，頗不易得。此爲名成化辛卯宜興令何某所刻，而謝庭桂爲之校正。黑口，版每半葉九行，每行二十字。字體頗近元刻，猶有先正典型。若隆、萬、啟、禎，無此刻本矣。至其著書大旨，提要已詳言之，兹不贅述云。

丁巳孟夏芒種，葉德輝記於蘇州閶門寓舍。

此書與明顧璘近言一卷，均四明范氏天一閣散出之書。其宋元舊鈔，久爲京師、上海兩地人購去靡遺。吾所得者，皆明本及零星小種，然其中頗有精者。蓋先輩藏書，頗具手眼，固非後人貪多務博，徒博收藏之名者也。

郋園越日又記。

傅增湘藏園訂補郘亭知見傳本書目卷六史部十二

書簾緒論一卷。宋胡太初撰。○百川學海本。○説郛本。○學津討原本。○宋淳祐壬子刻本。

〔補〕○宋咸淳刊百川學海本，十二行二十字，細黑口，左右雙闌。余藏。○明弘治十四年華珵刊百川學海本，十二行二十字，白口，左右雙闌，余藏。○明嘉靖十五年鄭氏宗文堂刊百川學海本，十四行二十八字，白口，左右雙闌。○明成化七年何鑑刊本，九行二十字，大黑口，四周雙闌。前有成化辛卯王僎序。本書卷首次行題「後學河東謝庭桂校正」，後有謝氏跋。有葉德輝二跋，言爲天一閣佚出之書。

百官箴

〔宋〕許月卿　撰

楊光、何天白　點校

點校説明

百官箴六卷，宋末元初人許月卿（生於嘉定九年，即一二一六年；卒於至元二十二年，即一二八五年）著。許月卿，徽州婺源人，字太空，以宋亡更字宋士，號山屋。曾先後從理學名家董夢程、魏了翁問學。登淳祐四年（一二四四）進士科，歷任濠州司户參軍、濠州教授、臨安府學教授、江南西路提舉常平司幹辦公事。度宗時試館職，以言語忤賈似道，罷職歸鄉，宋亡后不仕。著有先天集、百官箴等。

據許月卿行狀，百官箴約成書於宋理宗景定五年（一二六四）。許月卿自稱效仿周太史辛甲作百官箴獻於武王，故撰是書上呈理宗。是書體例上仿辛甲百官箴與楊雄官箴，「分曹列職，各申規矩」，自左丞相箴至太子太孫官屬箴共計四十九篇，在一定程度上反映了許月卿的理學思想以及南宋中後期的官制情況。

許月卿去世後，門人李夢科、彭福龍分别於毗陵與廬陵刊刻許氏著述，侄孫許汼又以毗陵本爲底本刻於許氏家塾（以下簡稱「家塾本」）。百官箴家塾本經許汼，傳至許月卿六世孫許瑘英，再傳至九世孫許亮、許熙。明嘉靖中，許亮兄弟將百官箴再次付梓

（以下簡稱許刻本），即文淵閣四庫全書所據之本。此外，嘉靖中，婺源人潘滋巡撫四川，獲百官箴舊刻本，亦於四川刊行，即今南京圖書館所藏明刻本（以下簡稱潘刻本）。民國初，無錫許同莘以文津閣四庫本爲底本，校以潘刻本，收入新安許氏先集（以下簡稱先集本）。

本次點校，以先集本爲底本，以文淵閣四庫本爲通校本。此外，爲方便讀者全面瞭解百官箴的相關信息，我們在書末收入先天集所附許月卿行狀。

百官箴序

百官箴者，有宋山屋許君太空之所著也。太空嘗讀周辛甲虞人之箴，於是作箴四十有九篇，蓋自左丞相以下至太子太孫師友僚屬，其諸司群辟亦略具矣，而於丞相、經筵、諫官尤致丁寧焉。蓋將上以爲德，下以爲民，不啻儆百官已也。初，太空讀書巘岾，嘗受學於鶴山魏了翁先生，與謝枋得爲友，學有原本。及廷對憂勤逸樂之策，則謂使人君逸樂者，宰相竊權之具，時相深憾之。他日有徐元杰者攻史嵩之，史陰殺元杰，君率三學諸生伏闕訟冤。至論朝廷時政三事，又忤賈似道。故雖行如此其高也，官終運幹而止。

然則百官之箴，豈爲己哉？傳曰：「國家之敗，由官邪也。官之失德，寵賂章也。」夫上有賈、史專權，以章寵賂〔一〕，而山屋雖欲行其志，以作千官箴，其奈何？嗟乎痛哉！雖然，賈、史遺臭萬年而不足，山屋之箴傳至後世，爲龜鑑尤有餘也。自今觀之，許與賈、史當孰爲得失哉？始傳其書者，門人李夢科、從孫汻；再傳其書者，六世孫琡英；三傳其書者，九世孫亮、熙兄弟焉。夫山屋之子孫思其道，傳其書，且欲敦其行，至九世遠，益昌熾如此也，彼賈、史之子孫又安在哉？即有存者，又不欲認之爲祖，與無者同，此尚不可爲爲善惡者勸戒哉？

嘉靖丁酉春正月庚子，賜進士及第、通議大夫、南京禮部侍郎、前國子監祭酒、翰林院修撰、經筵講官兼修國史高陵呂柟書。

校勘記

〔一〕以章寵賂　「賂」字原作「禄」，據萬曆本涇野先生文集重刻許山屋百官箴序及上文「寵賂章也」改。

重録百官箴序

我中丞新安潘公方塘撫蜀之明年，重録百官箴於行臺。深適吏蜀，爰觀厥成，公命序之。

按，箴本衣箴，醫人又用之以攻疾，蓋縫其闕失而刺之。詩曰「因以箴之」是已。百官有箴備於漢〔一〕，此則宋儒山屋先生所爲撰次也。山屋名月卿，理宗朝進士及第，家星源許村，蓋公之鄉人也。深少側聞宋亡時，南士有卧一車中五年不言者，心甚偉之，而未知即山屋也。今讀其遺文，又知講學於鶴山魏文靖公，得朱子之傳。新安爲文公闕里，則山屋固朱子之鄉人也。生平著述甚多，此箴或其集中之一類爾。箴凡四十有九，而名之曰百，其見於自叙者，意義深遠。視昔楊、胡、崔、劉之文，尤爲忠樸，經世大業，悉聚此書。其曰「分殊理一」，其曰「本末源流」，又曰「閲天下之義理愈熟，處天下之事會愈精」，此皆朱子之學也。其人品甚高，往往譏切時宰，故仕不大顯。至於摛文命篇，辨於體裁〔二〕，雖音韻字畫之間，博考詳據，真朱子之正嫡也，不可亡傳。顧其制盡宋官，言多宋事，特一代之書爾。要之有合於今者，則經筵、翰苑、御史、史臣、尚書六部、太常、大理、國監、登聞，攬厥名義，殷鑒存焉。京兆，非今之天府乎？守臣，非今之郡縣乎？發運、轉運、提點刑獄，非今之布、按乎？茶馬、市舶、鹽鐵、錢糧，又皆今日之要司。觀會通以概於不可解之心，雖百代傳可也。此公翻刻之微意，豈徒鄉人云乎哉！

惟公歷中外幾三十年，百官之業，無所不具，又既遭時得君，致位九列，既非黍離麥秀之老所可望，而格物、致知、誠意、正心之學，自幼得之朱子者尤精，其所到未可量也〔三〕。雖然〔四〕，以鄉人師鄉人爲近，而深亦山屋之鄉人也。於是乎序。

嘉靖乙未長至書。

校勘記

〔一〕百官有箴備於漢　「備於漢」三字儼山集卷三七重刻百官箴序作「自漢始」。

〔二〕辨於體裁　「辨」字原作「辯」，據儼山集卷三七重刻百官箴序改。

〔三〕其所到未可量也　「可」字原闕，據儼山集卷三七重刻百官箴序補。

〔四〕雖然　「雖然」前原有「雖然以鄉人師鄉人爲未量也」十二字，據儼山集卷三七重刻百官箴序删。

百官箴後叙

潘子曰：「百官箴，古之遺書也。古之時，百官各以其職箴王之缺，後之爲臣者曰：『五帝神聖，其臣莫及。』是故上有所督責，下無所建明。君德所以不純，政治所以多秕。啟奸諛之風，成苟且之習，古之道其不可復見矣。昔在周武王時，有辛甲獻百官之箴，今所存者獨虞人之箴爾。由此言之，道之息也，文之敝也，皆可歎也。

山屋許先生仕於宋理宗朝，所遇亦賢君也。其爲輔相者，史嵩之、賈似道其人也。月卿曰：『相不能正其身，況能格於君乎！大臣云云，小臣沾沾矣；大臣噏噏，小臣貇貇矣。』於是撰進百官箴，惻然以望治爲急。代宰相之所不能，發天下忠藎之端，其在兹乎！其進書之序曰：『臣之愛君，子之愛父，天也。其身可殺，而愛君父之心不可解。』『油然發衷，蓋不自知其然而然也。』又曰：『無逸之書，周公所以壽成王也。』『逸則不壽，無逸則壽。』『聖躬壽矣，則閱天下之義理愈熟，處天下之事會愈精，而人欲不能搖，情僞不能欺。』『立民之命，壽國之脈，皆自此始。』此言也，未易言也，有周公之心，爲周公之言者也。是故其稱名也當，其取義也核，其文體也有則，其爲韻也，變沈約之病而諧風雅之聲者也。當組繪刻鏤之時，紛華競美之後，何幸見此？商敦、周彝之爲器也，殷誥、湯盤之爲文也，豈不灑然而喜也乎？故曰：百官箴，古之遺書也。

山屋名月卿，字宋士，淳祐四年舉進士及第，對策言：「文、武有憂勤而無逸樂，逸樂則君人者失權，如太阿倒持而授人以柄。」執政惡之，於是不相容於朝。在外則爲提幹之官而已。宋亡，衰服深居，三年不言。後雖言，如病狂不可了，蓋事君盡忠，臨難盡節，由一道也。昔謝疊山自比月卿，月卿自比履善甫，皆可謂無媿色矣。孔子曰：「殷有三仁焉。」若三先生者，其庶幾矣乎？

嘉靖甲午孟春月望，桃谷潘滋撰。

百官箴卷一

進百官箴表

臣月卿言：伏以一飯不忘，夙抱少陵之志；六箴具列，遠慚德裕之勳。敢以愚衷，徹干睿聽。臣月卿惶恐惶恐，頓首頓首。惟周武建萬邦之極，有辛甲獻百官之箴。安不自安，聖而益聖。憂國愛吾君之念，謂吾獨之；全軀保妻子之臣，慮不及此。故東西兩漢之時，揺揚、崔數子而誰？仰視虞箴，僅堪僕命。魏晉以降，文章可知。言雖尊主而庇民，意則徇華而逐末。於修辭立誠之學，類欠實工；視正君定國之言，殆爲虚語。本源既淺，氣象自卑。并與古韻而失之，其於文體何如也？作者馳聲之不乏，胡爲嗣響之獨難。正坐摹規爲圜、擬矩爲方，不知自源而流，由本而末。宜世道之不古，顧民彝之幸存。臣瑣瑣孤寒，惓惓忠愛。臣於君，子於父，難忘懇惻之天；史爲書，瞽爲詩，莫匪箴規之地。念庶人之可諫，矧英主之兼容。輒爾芻言，庶幾芹獻。兹蓋恭遇皇帝陛下舜聰四達，湯德又新。退而銘於几焉，席而銘於端焉，持以小心之翼翼；立則見於前也，興則見於衡也，懍然大訓之明明。未嘗一善之遐遺，蓋欲庶僚之修輔，恢洪聖德，興起治功。臣幸際昌期，冒陳宿藴。諫行言聽，俾膏澤之下於民；君明臣良，惟時幾以康厥事。可傳於後，永孚於休。臣干冒天威，無任激切屏營之至。臣所撰到百官箴，并發凡言例，共成七帙，用黄羅夾複封全，謹隨表上進以聞。臣月卿惶懼惶懼，頓首頓首。謹言。

百官箴序

臣聞君者，臣之天；父者，子之天。故臣之愛君，子之愛父，天也。其身可殺，而愛君父之心不可解，夫是之謂天。天下之事，凡其加以人者，久則必渝；而其久而莫之渝者，天也。嫠葵之女，不恤緯之嫠，而豈有致君澤民之職分哉？油然發衷，蓋不自知其然而然也。唐虞三代之時，漸民以仁，培民以道，其入於民也深，而積於民也厚矣。故及其後世，國雖靡止，民雖靡膴，而愛君憂國之天，雖山林之野人，幽閨之女婦，有可殺而不可解者。吁！此三代有道之長，而非後世之所能及與！然則有天下者，何可不養斯民愛君之天，而壽吾國於三代也哉？臣最愛辛甲之虞箴，愛其天而不人也，而惜其所謂百官箴者之不盡存也。故嘗以臣之油然發衷者，爲百官箴。雖自知其爲怨府禍機，而可殺不可解之天，則凡所以愛吾君爾！夫愛吾君則欲壽吾君，欲壽吾君者則欲壽吾君之國。無逸一書，周公所以壽成王也。壽不壽，命也，於逸何關？而周公謂逸則不壽，無逸則壽，豈不以無逸則天理流行，人欲净盡，固仁之體而壽之道乎？臣所以敢於進百官箴者，不敢以不可自比周公而自沮，而以可庶幾憂葵之女、不恤緯之嫠而自勸。以爲陛下幸而不以不可自況周公斥臣，而以可萬一葵、緯而聽臣。臣之箴幸而用，則聖躬壽於堯、舜，國脈壽於三代。聖躬壽於堯、舜，則閱天下之義理愈熟，處天下之事會愈精，而人欲不能摇，情僞不能欺。以霜降水涸之真見，出輕車熟路之老謀〔一〕。躋吾民於仁壽，壽吾國於箕翼。國脈之壽，皆自聖躬始，此臣愛君之天也。使衆怨臣而欲禍臣，不過殺臣之身而已，豈能滅臣愛君之天哉？臣之自處素定，是以敢於進百官箴而無所忌也。夫子不云乎「求仁而得仁，又何怨」，臣萬死無悔！臣月卿謹序。

百官箴次第

或問臣曰：「子之百官箴亦有叙乎？」臣應之曰：有。二府之於陛下，猶股肱之於元首也，故莫先焉。師臣者帝，經筵，陛下所宜師也；賓臣者王，翰苑，陛下所宜賓也。其尊德樂道不如是，不足與有爲也，故次之。經筵、翰苑，晝則密侍，宵則宿直，於喜怒哀樂之未發而養之，於是非利害之未萌而正之，則力少而功倍。若諫官則正之於將萌，力漸勞矣。子思曰「喜怒哀樂之未發，謂之中」，其經筵、翰苑之責乎？「發而皆中節，謂之和」，其諫官之責乎？周敦頤曰「誠無爲」，其經筵、翰苑之責乎？「幾善惡」，其諫官之責乎？邵雍曰「思慮未起，鬼神莫知，不由乎我，更由乎誰」，又曰「先天學，心法也」，其經筵、翰苑之責乎？「思慮一萌，鬼神得而知之矣，故君子不可不慎獨」，又曰「後天學，入用之位也」，其諫官之責乎？朱熹曰「存天理之本然」，其經筵、翰苑之責乎？「察人欲於將萌」，其諫官之責乎？故次之。諫官正之於將萌，後省正之於未行，御史正之於已行，史臣書之於已行。已行而未當，猶可直前而正之也；正之而不從，則有書於策者，不可懼哉！日見二史立於螭坳，亦進德之一助也，故次之。

祖宗嚴二省之制〔三〕，中書造命，門下審覆，尚書奉行。尚書有令，有僕射，有丞，今亡矣，則尚書六部尚存三省之制，所謂愛禮存羊也，故次之。宰士、樞屬者，二府之掾也，故次之三省。太常、宗正，禮部之別也；大理，刑部之別也；司農、太府，户部之別也；秘書、國子監，亦禮部之別也；將作、軍器監，工部之別也，故次之。登聞院，諫臣之屬也；進奏院，門下後省之屬也；官告院，吏部之屬也；料糧、審計，太府之屬也；榷貨務、都茶場，宰士之屬也；左藏庫、雜買務、雜賣場，亦太府之屬也；文思院，工部之屬也，故次之。是皆有列於朝者也，故前宰輔、侍從次之，前庶官不載焉，祖宗尊賢之等也。

凡二府箴，例稱「司化」，治天下之道，不可徒政而已也。立之斯立，道之斯行，綏之斯來，動之斯和，在吾君吾輔相勉而已。自尚書工部而上，例稱「侍臣」，朝夕論思，日月獻納，豈直簿書期會哉？經筵、翰苑、臺諫、給舍、諸史、列曹，其職固不同，而其爲侍臣則同。觀臣之箴，見所職之異，則當思盡其分之殊；見「侍臣」二字之同，則當思盡其理之一，論思獻納，期無忝「侍臣」二字可也。詎宜曰「朝廷大事有宰輔在」，吾可以辭其責乎？詎宜以「天子侍臣而朋比媕阿，知有宰輔私恩」，而以侍臣爲何官哉？

由内而外，承流宣化，知臨安府莫先焉，諸夏之本也。不曰知臨安府而曰京兆尹者，望陛下修政攘夷、復文武之境土也。天下形勝，京兆得之，今固未易言也，非陛下莫可告者耳。臣有成算，容臣別奏。畿漕次之，留守又次之，督府不常建，與宣撫、宣諭、招討、招捕、招撫、察訪等使皆無箴焉可也。陛下即位三十年間，三授督鉞，故次之。制置、安撫、經略次之。守臣位監司下，今以先焉，以其有民、有社、有祀、有戎、有師之教，有父之尊，有母之親，非使者比也。使者急其賦，不恤州縣，不知使事有指，職思其憂；州縣奉承使者，不恤其民，知有使者，不知有天子命。觀臣箴之先後，可以知所勉矣。

夫内有百揆四岳，外有州牧侯伯，自唐虞而已然矣。先内後外，聖人施行之序也；詳内略外，聖人責治之等也。不重内而輕外，聖人一視之仁也；重内而輕外，士大夫謀身之私也。故臣之箴居太子太孫官屬於百官之末，見内外無輕重之别也。詩不云乎「詒厥孫謀，以燕翼子」？書不云乎「旁求俊彦，啓迪後人」？傳不云乎「豐水有芑，數世之仁」？此臣作太子太孫官屬箴之意也，陛下其亦深長思哉。

祖宗時，三省相維，事無遺策，而從官可以直前，庶僚可以轉對，外而監司守貳，下而一命之微，又下而士之未命，與夫父老芻蕘皆臺諫也。民隱安得不上達，憸邪安得不暴白，主德安得不光明，天下安得不熙洽哉！此前代之臣不敢以望其君，而臣敢以望陛下也。此百官箴所以爲陛下獻也，陛下其亦深長思哉！陛下不世出，時不可再得，陛下其亦深長思哉！

或問臣曰：「辛甲爲百官箴，而子之箴不滿百，何也？」臣應之曰：「唐虞官百，夏商官倍，則辛甲之時，周禮雖未成書，官亦不翅百矣。曰『百官』者，舉其凡也。說命曰：『后王君公，大夫師長。』洪範曰：『王省惟歲，卿士惟月，師尹惟日。』禮記曰：『五官之長曰伯。』古今說卿士者皆不如韋昭。昭之言曰：『卿士，卿之有士者，臣以商頌允也。』天子降於卿士，推之知其言是。師長即師尹也、師衆也，即虞書所謂庶尹也。且以吏部言之，尚書、侍郎、郎中雖有崇卑，而所掌同，此吏部也。吏部尚書非吏部之長、之尹、之伯乎？一箴可以該其屬矣。臣之箴所以明體統也，舉綱挈領，治天下之道具是矣。」

或問臣曰：「然則子之箴四十有九，亦有義乎？」臣應之曰：「有。太史公曰：『蓍百莖共一根。』褚先生曰：『傳曰：「天下和平，王道得而蓍莖長丈，其叢生滿百莖。」』大衍之數五十，其用四十有九。臣之箴名百官箴，陽用其全，君之道也，天包地外也，日全體光明也；臣之箴四十有九，陰用其半也，臣之道也，地在天中也，月三五而缺也。觀臣之箴，君臣可以各盡其道矣。大衍之數五十，其用四十有九，虛一者，太極也。中庸曰：『所以行之者，一也。』四十九箴非此一，孰行之一者，何真實無妄也？所謂誠也，所謂太極也，所謂道心也。臣首箴所謂『敬修可願者也，不如是則不誠，無物無以治身，無以治天下國家矣』，陛下其亦深長思哉！漢人之退而相與語其君，亦曰：『陛下無背面也，退食猶在公也，畎畝猶朝著也。』君不可離，猶天不可離也。無往而不對揚，猶無往而不對越也。」

臣之答客問，言必稱陛下，如對陛下而言也，故敢書以聞。

校勘記

〔一〕出輕車熟路之老謀　「輕」、「車」二字原倒，據文淵閣四庫本乙正。

〔二〕祖宗嚴二省之制　「二省」，當作「三省」。

百官箴卷二

百官箴緣起

春秋左氏傳曰：「昔周辛甲之爲太史也，命百官官箴王闕。杜氏解：辛甲，周武王太史。於虞人之箴曰：虞人，掌田獵。『芒芒禹跡，畫爲九州，芒芒，遠貌。畫，分也。經啟九道。開啟九州之道。民有寢廟，獸有茂草，各有攸處，德用不擾。人神各有所歸，故德不亂。臣案：杜氏以寢爲人居，廟爲神居，故言人神各有所歸。今觀「寢廟」對「茂草」而言，與詩「奕奕寢廟」對「秩秩大猷」而言，恐寢、廟不是兩事。爾雅「室有東西廂曰廟，無東西廂有室曰寢」，未嘗以寢爲人居、廟爲神居也。故詩「公侯之宫」，説者曰「宫，廟也」；「宗室牖下」，説者曰「宗室，大宗之廟也」。觀爾雅則知人居可以廟言，觀詩則知神居亦可以宫室言。虞箴本意謂禹未治水，人獸固擾；禹既治水，九州以寧。人則有寢處之廟，而獸則有茂盛之草，獸不擾人而人何必擾獸？主意在戒獵也。古者民與人通，廟與宫通，此類甚衆。又據易「入於其宫」，詩「上入執宫功」，孟子「取諸其宫中而用之」，閭閻亦稱宫，非若後世必帝王之居而後爲宫，必神靈之居而後爲廟也。今人言廟朝、廟堂、廟謨、廟算，豈亦神靈之居乎！

就使如杜氏之説，分寢、廟爲人、神，則虞箴本意亦不在人神不擾，在人獸不擾耳。大凡讀書，當尋語脈，且如上言「民有寢廟」，而下言「在帝夷羿」，又豈可以此「民」字爲百姓乎？ 在帝夷羿，冒於原獸，冒，貪也。 忘其國恤，而思其麀牡。言但念獵。 武不可重，重，猶數也。 重，直用反〔一〕。 用不恢於夏家，羿以好武，雖有夏家而不能恢大之。 吕祖謙曰：『蓋用羿代夏政，其號不改，故亦止曰夏家也。』 獸臣思原，敢告僕夫。」獸臣，虞人。告僕夫，不敢斥尊。

臣案：武王，不世出之主也。訪洪範於箕子，問丹書於太公，惕若恐懼，退爲戒書。几席鑑盤，楹杖帶屨。觴豆户牖，弓劍矛戟，無往而不銘，則亦無往而不敬。其視湯之「日新又新」，文王之「亦臨亦保」同，此傳心之要也。 觀其爲太子，一鮑魚之嗜，若未害也，而太公禁之；及其爲天子，一旅獒之貢，若未害也，而召公戒之。辛甲於是爲百官箴以獻。蓋百官修輔，執事以諫，三代以前之所同。 如伊尹所謂「臣下不匡其刑墨」是也。古者導人使諫，其不諫者有刑；後世導人勿諫，其諫者有刑。 此聖愚之所以異，治亂之所以分乎！ 辛甲虞箴以夷羿戒武王，與禹之戒舜曰「無若丹朱傲」同一意也。 武王之自警如此，群臣之交警如此，是其所以聖益聖與！ 惜百官箴之不盡傳也。

漢書楊雄傳：「箴莫善於虞箴，作州箴。」

後漢書胡廣傳：「初，楊雄依虞箴作十二州二十五官箴，其九箴亡闕。後涿郡崔駰及其子瑗，又臨邑侯劉騊駼增補十六篇，廣復繼作四篇，文甚典美。乃悉撰次首目，爲之解釋，名百官箴，凡四十八篇。」臣案：瑗子實作諫大夫箴，蓋又在四十八篇之外也。

百官箴指歸

書：「先王克謹天戒，臣人克有常憲，百官修輔，厥后惟明明。每歲孟春，遒人以木鐸徇於路。官師相規，工執藝事以諫。其或不恭，邦有常刑。」

春秋左氏傳：「天生民而立之君，使司牧之，勿使失性。有君而爲之貳，使師保之，勿使過度。是故天子有公，諸侯有卿，卿置側室，大夫有貳宗，士有朋友，庶人、工商、皁隸、牧圉皆有親暱，以相輔佐也。善則賞之，過則匡之，患則救之，失則革之。自王以下，各有父兄、子弟以補察其政。史爲書，瞽爲詩，工誦箴諫，大夫規誨，士傳言，庶人謗，商旅於市，百工獻藝。故夏書曰：『遒人以木鐸徇於路，官師相規，工執藝事以諫。』正月孟春，於是乎有之，諫失常也。天之愛民甚矣，豈其使一人肆於民上，以從其淫，而棄天地之性？必不然矣。」

國語：邵公曰：「天子聽政，使公卿至於列士獻詩，瞽獻曲，史獻書，師箴，瞍賦，矇誦，百工諫，庶人傳語，近臣盡規，親戚補察，瞽史教誨，耆艾修之，而後王斟酌焉，是以事行而不悖。」

又楚左史倚相曰：「昔衛武公年九十有五矣，猶箴儆於國，曰：『自卿以下至於師長士，苟在朝者，無謂我老耄而舍我，必恭恪於朝，朝夕以交戒我，聞一二之言，必誦志而納之，以訓導我。』在輿有旅賁之規，位宁有官師之典，倚几有誦訓之諫，居寢有褻御之箴，臨事有瞽史之導，宴居有師工之誦。史不失書，矇不失誦，以訓御之，於是作懿戒以自儆也。及其没也，謂之睿聖武公。」臣謂武公，諸侯也，耄也，猶若是〔二〕，其所以聖也。況天子乎？況富於春秋乎？

賈誼曰：「及太子既冠成人，免於保傅之嚴，則有記過之史，徹膳之宰，進善之旌，誹謗之木，敢諫之鼓。瞽史誦詩，工誦箴諫，大夫進謀，士傳民語。習與智長，故切而不媿；化與心成，故中道若性。」

賈山至言曰：「古者聖王之制，史在前書過失，工誦箴諫，瞽誦詩諫，公卿比諫，士傳言諫過，庶人謗於道，商旅議於市，然後君得聞其過失也。聞其過失而改之，見義而從之，所以永有天下也。」

淮南鴻烈解曰：「古者天子聽朝，公卿正諫，博士誦詩，瞽箴師誦，庶人傳語，史書其過，宰徹其膳，猶以爲未足也。故堯置敢諫之鼓，舜立誹謗之木，湯有司直之人，武王立戒慎之鞀，過若毫氂，而既已備之也。夫聖人之於善也，無小而不舉；其於過也，無微而不改。堯、舜、禹、湯、武王，皆坦然天下而南面焉。」

大戴禮記：「及太子既冠成人，免於保傅之嚴，則有司過之史，有徹膳之宰。太子有過，史必書之。史之義，不得不書過，不書過則死。過書而宰徹去膳，夫膳宰之義，不得不徹膳，不徹膳則死。於是有進善之旌，有誹謗之木，有敢諫之鼓。瞽史誦詩，工誦正諫，士傳民語。習與智長，故切而不媿〔三〕；化與心成，故中道若性。」又曰：「食以禮，徹以樂，失度，則史書之，工誦之，三公進而讀之，宰夫減其膳，是天子不得爲非也。」臣竊意此等語必有三代遺書存焉，故諸書所載不謀而同也。漢去三代未遠，是以有此，今安得有之？故撫卷三歎而已。

百官箴施用

侯包曰：「衛武公行年九十有五，猶使人日誦抑戒之詩而不離於其側。」

朱熹叙楚辭後語曰：「若其義，則首篇所著荀卿子之言，指意深切，詞調鏗鏘。君人者誠能使人朝夕諷誦，不離於其側，如衛武公之抑戒，則所以入耳而著心者，豈但廣厦細旃，明師勸誦之益而已哉！此固余之所爲眷眷而不忘者。」又叙成相第一曰：「成相者，荀卿子之所作也。在漢志號成相雜辭，凡三章，雜陳古今治亂興亡之效，託聲詩以風其君，若將以爲工師之誦、旅賁之規者，其尊主愛民之意，亦深切矣。」

文中子：「誠其至矣乎！古之明王，敬慎所未見，悚懼所未聞，刻於盤盂，勒於几杖，居有常念，動無過事，其誠之功乎？」

百官箴用韻

虞箴「家」字與「夫」字叶。

詩：「予手拮据，予所捋荼。予所蓄租，予口卒瘏，曰予未有室家。」又：「宜爾室家，樂爾妻帑。是究是圖，亶其然乎？」又：「靡室靡家，玁狁之故。不遑啟居，玁狁之故。」又：「我行其野，蔽芾其樗。婚姻之故，言就爾居。爾不我畜，復我邦家。」又：「謂爾遷於王都，曰予未有室家。」又：「乃召司空，乃召司徒，俾立室家。」又：「皇皇者華，此亦隔句用韻之法。於彼原隰。駪駪征夫，每懷靡及。」又：「七月食瓜，八月斷壺，九月叔苴，采荼薪樗，食我農夫。」

離騷：「羿淫遊以佚畋兮，又好射夫封狐。固亂流其鮮終兮，浞又貪夫厥家。」浞，食角反。○臣先以詩、騷主箴。

易：「枯楊生稊，老夫得其女妻。枯楊生花，老婦得其士夫。」

書：「汝弗能使有好於而家，時人斯其辜。」

春秋左氏傳：「歸妹睽孤，寇張之弧，姪從其姑，六年其逋，逃歸其國，而棄其家，明年其死於高梁之虛。」又：「登此昆吾之虛，綿綿生之瓜。余爲渾良夫，叫天無辜。」

老子：「修之於身，其德乃真。修之於家，其德有餘。修之於鄉，其德乃長。」

莊子：「然且語而不舍，非愚則誣也。帝王殊禪，三代殊繼。差其時、逆其俗者，謂之篡夫；當其時、順其俗者，謂之義之徒。默默乎河伯！惡知貴賤之門，小大之家。」

又：「故三徙成都〔四〕，於鄧之墟，而十有萬家。」

荀子：「省工賈，衆農夫，禁盜賊，除姦邪。」又：「上以節賢良而明貴賤，下以飭長幼而明親疏〔五〕。上在王公之朝，下在百姓之家。」

戰國策：「長頰歸來乎！食無魚。長頰歸來乎！出無車。長頰歸來乎！無以爲家。」史記所載亦同，但「頰」作「鋏」，「車」作「輿」。又：「泉陽令乃使吏案籍視圖，水上漁者五十五家，上流之廬，名爲豫且。」

淮南鴻烈解：「夫待騕褭、飛兔而駕之，則世莫乘車；待西施、毛嬙而爲配，則終身不家矣。」

東方朔答客難：「連四海之外爲席〔六〕，安於覆盂，天下平均，合爲一家。」

列女傳：「獨泣姑怒〔七〕，送厥母家。答子逢禍，復歸養姑。」

楊雄徐州牧箴：「祚降周任姜，鎮乎琅琊。姜姓絶苗，田氏攸都。事由細微，不慮不圖。禍如丘山，本在萌芽。牧臣司徐，敢告僕夫。」

太玄經：「夫牽於車，妻爲剝荼，利於王姑，不利公家。」「老夫擐車，少女提壺，利考家。」

班彪北征賦：「惟太宗之蕩蕩兮，豈曩秦之所圖。野蕭條以莽蕩兮，迴千里而無家。」

班固十八侯銘：「入軍討敵，頃定天都。佩雀雙印，百里爲家。」

漢書：「鴟夷滑稽，腹如大壺。盡日盛酒，人復借酤。常爲國器，託於屬車。出入兩宮，經營公家。繇是言之，酒何過乎？」又：「爰及溝渠，利我國家。」

後漢書曹世叔妻：「和帝數召入宮，令皇后、諸貴人師事焉，號曰『大家』。」音姑。

晉書魏鼓吹曲〔八〕：「嗟城中如流魚，誰能復顧室家！」

蔡寬夫詩話：「秦漢以前，字書未備。既多假借，而音無反切，平仄皆通用，如『慶雲』、『卿雲』、『皋陶』、『咎繇』之類，大率如此。詩『瞻彼日月，悠悠我思，道之云遠，曷云能來』，『燕燕於飛，下上其音，之子於歸，遠送於南』皆以爲恊聲。魏晉間此體猶存。劉越石『握中有白璧，本自荆山璆。惟彼太公望，共此渭濱叟』。潘安仁『位同單父邑，愧無子賤歌。豈敢陋微官，但恐忝所荷』。是自齊梁後，既拘以四聲，又限以音韻，故大率以偶儷聲病爲工，文氣安得不卑弱乎？惟陶淵明、韓退之時時擺脱俗拘忌。故『栖』字與『乖』字、『陽』字與『清』字皆取其傍韻用，蓋筆力自足以勝之也。」

臣月卿曰：韻本於聲，聲本於氣，氣本於理。自太極之動静而有陰陽，自陰陽之闔闢而有人物。得其偏且塞者爲物，得其正且通者爲人。人得陰陽之氣正而且通，故有自然之聲韻，有自然之律吕，初非勉强矯拂而爲之也。勉强矯拂則非自然之韻，非自然之韻則非自然之聲，非自然之聲則非自然之氣，非自然之氣則非自然之理。自謝莊、沈約、周顒以浮聲切響創爲聲律之制，而古韻亡矣。古韻雖亡，而其在人聲者，不可泯也。生於後世而欲求古人之音韻者，不於自然之人聲求之，將於何而求之？故人聲之自然，非勉强，非矯拂，而有自然之節制，有自然之疆域，秩乎其不可亂，確乎其不可移，此人聲之天也。人聲之天，即人心之天也。自然即天，天即理，韻書可泯，此不可泯，故臣得操以爲驗，稽以爲決也。人之讀古書者，見用韻之不今也，意其無所限制，肆口而言之也，豈知其自然者，凛有限制，若寬而實嚴已哉！以虞箴『家』、『夫』之韻言之，非臆説也，驗之而無不合也，真可以見古人於千載之上，真可以俟聖人於百世之下也。

詩：「有女同車，顔如舜華。將翺將翔，佩玉瓊琚。彼美孟姜，洵美且都。」「山有扶蘇，隰有荷華。不見子都，乃見狂且。」「狼疐其尾，載跋其胡。公孫碩膚，德音不瑕。」「彼爾維何？維常之華。彼路斯何？君子之車。」「昔我往矣，黍稷方華。今我來思，雨雪載塗。王事多艱，不遑啟居。豈不懷歸，畏此簡書。」「祈父，予王之爪牙，胡轉予於恤，靡所止居。」「中田有廬，疆埸有瓜。是剥是菹。」「有駰有騢，有驒有魚，以車袪袪。思無邪，思馬斯徂。」

楚辭：「飡六氣而飲沆瀣兮，漱正陽而含朝霞。保神明之清澄兮，精氣入而粗穢除。」

春秋左氏傳：「既定爾婁豬，盍歸吾艾猳。」

管子：「外之有徒，禍乃始芽，衆之所忿，置不能圖。」

荀子：「皋陶之狀，色如削瓜；閎夭之狀，面無見膚。」

淮南鴻烈解：「審用法，誅必辜，備盜賊，禁奸邪。」

史記：「神龜知吉兇，而骨直空枯。日爲德而君於天下，辱於三足之烏；月爲刑而相佐，見食於蝦蟆。蜎辱於雀，螣蛇之神而殆於即且。」

王褒僮約：「出入不得騎馬載車〔九〕，踑坐大呶。下牀振頭，垂釣刈芻。」

楊雄豫州牧箴：「陪臣執命，不慮不圖。王室陵遲，喪其爪牙。」

少府箴：「嗜不可不察，欲不可不圖。未失之於約，嘗失之於奢。」

劇秦美新：「權輿天地未袪，睢睢盱盱。或玄而萌，或黄而牙，玄黄剖判，上下相嘔。」

太玄經：「夷其牙，或飫之徒。」又「豨毅其牙，發以張弧。」又「軍或轝車，丈人摧孥，内蹈之瑕。」又「正彼有辜，格我無邪。」

反離騷：「横江、湘以南往兮，云走虖彼蒼梧。馳江潭之汎溢兮，吾將折衷虖重華。」

漢書：「玄氣之精，回復此都。蔓蔓日茂，芝成靈華。」

後漢書：「仕宦當作執金吾，娶妻當得陰麗華。」

韓愈毛穎傳：「今日之獲，不角不牙，衣褐之徒，缺口而長鬚，八竅而趺居，獨取其髦，簡牘是資，天下其同書。」

儀禮之「胡壽保建家室」、「永受胡福」，即詩之「遐不眉壽」、「遐不作人」、「遐不謂矣」。蓋「胡」即「遐」，「遐」即「胡」，二韻相通也。皆人聲之自然，不可得而亂，不可得而移，非私見臆説也。詩、騷之韻，不待言矣。如易之「見龍在田，利見大人」、「飛龍在天，利見大人」，而「膠漆自謂堅，不如雷與陳」，至後漢猶然也。書之「聖謨洋洋，嘉言孔彰。惟上帝不常，作善降之百祥，作不善降之百殃。爾惟德罔小，萬邦惟慶；爾惟不德罔大，墜厥宗」，而「天下無雙，江夏黄童」、「殿中無雙丁孝公」〔一〇〕、「荀氏八龍，慈明無雙」、「辭親向長路，安知存與亡。窮達固有分，志士思立功」、「五馬浮渡江，一馬化爲龍」、「沈陰結愁憂，愁憂爲誰興。念與君生別，各在天一方。良會未有期，中心摧且傷。不聊憂飧食，慊慊常飢空。端坐論無爲，髣髴君容光」、「停雲靄靄，時雨濛濛。八表同昏，平陸成江」、「世爵虚禮，州壤推風。尋惟義養，道必懷邦。人之秉彜，不隘不恭」、「我友二三子，宦遊在西京。東野窺禹穴，李翱觀濤江。蕭條千萬里，會合安可逢」，至漢、魏、吴、晉、宋、唐猶然也。書之「夔夔齋慄，瞽瞍亦允若」、「賁若草木，兆民允殖」，而「牢邪石邪，五鹿客邪！印何纍纍，綬若若耶」、「歲惟丁卯，律中無射。天寒夜長，風氣蕭索」、「前尹赫赫，具瞻允若」，至漢、晉、唐猶然也。大戴禮之「無養乳虎，將傷天下」，小戴記之「春秋冬夏，風雨霜露」，而「童牛角馬〔一一〕，不今不古」、「攄武師，斬黄祖。肅夷凶族〔一二〕，革平西夏」，至漢吴猶然也。左氏傳之「於思於思，棄甲復來」，而「無説詩，匡鼎來，匡説詩，解人頤」，「顯高門，啟皇基。統罔極，垂將來」、「情欣新知歡，言詠遂賦詩。感子漂母惠，愧我非韓才。銜戢知何謝，冥報以相貽〔一三〕」、「既定淮、蔡，四夷畢來。遂開明堂，坐以治之」、「阿婆三五少年時，也曾東塗西抹來」，至漢、吴、晉、唐猶然也。謂非人聲之自然可乎？是故有四聲通用之法，不必改仄聲以爲平聲而後與上下句叶也〔一四〕；有隔句用韻之法，不必曰應句有韻而呼句無韻也。此皆自然而然，非有安排也。後之爲學者固未足與議，老師宿儒則知之矣，而未知其所以然也，故不能極本窮源以出之，終無以解天下後世之惑，臣竊悼焉。嗟乎！天下事類此者多矣，豈特韻哉！悲夫！

臣特録蔡寬夫之言，以其有得有失，非彼無以明此也。寬夫蓋猶未能如老師宿儒之知，故其言一出焉，一入焉。曰「皆以爲協聲」，曰「皆取其傍韻用，蓋筆力自足以勝之」，此可見其知之未真也。寬夫曰「某與某叶者」，驗之而無不合，故曰「秩乎其不可亂，確乎其不可移」。請嘗試之。有不合者，坐臣以罔上之罪。今曰以爲協聲似謂出於詩人之臆見，而不知其出於自然也。苟曰以爲協聲則詩人之用此數韻也，何爲捨此數韻之外略不肯他有所取乎？寬夫蓋未知而想像言之耳，因寬夫所舉姑以莫之知者觀之，思過半矣。「瞻彼日月，悠悠我思。道之云遠，曷云能來」、「日之夕矣，牛羊下來。

君子於役，如之何勿思」之類是也。「燕燕於飛，此亦隔句用韻之法。下上其音。之子於歸，遠送於南」，即「鼓鐘欽欽，鼓瑟鼓琴，笙磬同音。以雅以南，以籥不僭」此亦四聲通用之法。之類是也，何嘗亂以他韻、移以他韻哉？其曰「傍韻蓋唐韻十二齊與十三佳相隣，十一唐與十二庚相隣」，故寬夫云爾，不知此乃唐韻耳，淵明之時，安得有此書乎？五支與十八尤、十七真與一先豈亦傍韻乎？故臣得此以見其不知也。陶、韓筆力雖足以勝之，然其用韻乃驗之人聲，驗之古書，非不知而作之者，寬夫以爲取之傍韻，何其謬哉！聖門之學，物貴於格，知貴於致，故臣不敢苟，惟陛下裁擇。

百官箴諱例

胡安國紹興六年劄子：「臣昨列職經筵，專以春秋進讀。緣春秋正文有淵聖御名，方具奏札，未及進稟，得罪去國。後聞禮官建議以他字易之，定讀爲『威』〔一五〕，其經傳本字則不改易，事已施行。臣今奉旨纂修，於經傳本字既有詔令可遵，則未委臣所纂修，出於己見，援引他經子史有犯淵聖御名者，亦許依本字書寫，或當遷避，有此疑惑。臣聞古者不以名爲諱。堯典稱『有鰥在下曰虞舜』，則堯、舜者，固二帝之名，而堯典乃虞氏史官所作，直載其君之名而不避也。周人以謚易名，於是有諱禮，然臨文不諱，嫌名不諱，二名不偏諱，載在禮律，其義明白。孔子作春秋，凡書周、魯事，雖婉其文，至於名諱並依本字〔一六〕，若襄王名鄭而書『衛侯鄭』，匡王名班而書『曹伯班』，簡王名夷而書『晉侯夷』，恭王名匄而書『晉士匄』〔一七〕，莊公名同而書『同盟於幽』，僖公名申而書『戊申朔』，襄公名午而書『陳侯午』，定公名宋而書『宋仲幾』是也。按春秋書成，當恭王之朝，哀公之世，匄乃恭王之名也，夷則三世之穆也；宋則哀公之考也，午則皇考之廟諱也。而筆削之際，並無固避。春秋爲尊君父而作，仲尼豈不恭也？書法如此，義亦可知〔一八〕。自漢以來，此義不行，臣子習爲諂諛而不知恭順之實，則有易人之名以『徹』爲『通』者，易人之姓以『莊』爲『嚴』者，易甲乙之紀以『丙』爲『景』者，易郡縣之號以『還淳』爲『清溪』者，又甚則有父名『晉肅』而子不敢應進士舉者。忌諱既繁，名實愈亂。本朝沿襲漢唐故事，未暇盡革。恭惟陛下天縱聰明，既尊春秋之書以新聖德，宜用春秋之法以斷政事。凡所施設，動以春秋從事，即有撥亂反正之功。臣所纂修繕寫進本，援以他經子史之類，欲乞應犯聖朝廟諱不可遷避者，依太常博士王晳所進春秋解例〔一九〕，並依監本空缺點畫，於淵聖御名亦不改易本字，覆以黃紙。庶幾名實不亂〔二〇〕，上遵春秋之法，亦以消臣子諂諛之端，向孟軻氏欽王之義，明恭順之實。」取進止。十一月二十七日，三省同奉聖旨：「依。」

臣月卿曰：安國之言善矣。然臣之於君、子之於父，天也。見廟諱、家諱而有不忍之心，讀將及焉而若有礙於子口者，此人心之天也。仁也聖人，裁之以義，立爲詩書不諱、臨文不諱、廟中不諱之禮，人得以準則焉。臣嘗以唐韓、柳氏之文觀之，韓愈氏爲文至廟諱未嘗易以他字，柳宗元氏則易之。故易「世」以「代」，易「民」以「人」，易「治」以「理」。自常情觀之，韓若木强，柳若恭順者，豈知恭順之實，顧有在哉！萬世之下，韓爲君子，柳爲小人，人徒見諸效驗暴白之後，而不察幾微積累之先。言，心聲也，臣固有以燭之矣。是以臣平日爲文，苟遇廟諱，未嘗易以他字，惟空缺點畫、讀以他字，例安國也。人亦有言父母之名，耳可得聞，口不可得道。臣亦云手可得書，口不可得道也。今於廟諱，臣之手可得書，陛下之耳可得聞，而陛下與臣等皆不忍道也。況臣所進百官箴，陛下萬有一焉，幸而使人日誦之而不離於側，尤當便於吟諷，不宜臨誦之際，然後遽思他字而改之也。故臣於廟諱之字，皆注一字於下以代之，俾誦者不至臨時之迫遽也，不違不諱之禮，不失不忍之心，雖不敢謂仁之至，義之盡，蓋亦庶幾云。

校勘記

〔一〕重直用反　「直」字原作「宣」，據春秋經傳集解襄公四年改。

〔二〕猶若是　「猶」字原闕，據文淵閣四庫本補。

〔三〕故切而不媿　「媿」字文淵閣四庫本、大戴禮記保傅卷三作「攘」。

〔四〕故三徙成都　「三徙成都」原作「三歲徙都」，據莊子徐無鬼篇改。

〔五〕上以節賢良而明貴賤下以飭長幼而明親疎　「節」、「飭」二字荀子君道篇均作「飾」。

〔六〕連四海之外爲席　「席」字原作「帶」，據史記卷一二六滑稽列傳改。

〔七〕獨泣姑怒　「姑」字原作「始」，據列女傳卷二賢明傳改。

〔八〕晉書魏鼓吹曲　案，魏鼓吹十二篇不見於晉書，而見於宋書卷二二樂志四，百官箴誤。

〔九〕出入不得騎馬載車　「入」字原作「人」，據文淵閣四庫本改。

〔一〇〕殿中無雙丁孝公　「丁」字原作「包」，據後漢書卷三七丁鴻傳改。案，丁鴻字孝公。

〔一一〕童牛角馬　「童牛」原作「章子」，據太玄經卷三改。

〔一二〕摅武師斬黄祖肅夷凶族　「祖」字原作「租」，「肅」字原作「補」，據文淵閣四庫本、宋書卷二二樂志四、樂府詩集卷一八吴鼓吹曲改。

〔一三〕冥報以相貽　「貽」字原作「詒」，據陶淵明集卷二乞食改。

〔一四〕不必改仄聲以爲平聲而後與上下句叶也　「仄聲」原作「反」，據文淵閣四庫本改。

〔一五〕定讀爲威　「威」字原作「式」，據歷代名臣奏議卷二八二胡安國奏議改。又百官箴卷五文思院箴、卷六都督同都督事箴「桓」字下注「威」，知歷代名臣奏議爲是。

〔一六〕至於名諱並依本字　「本」原作「名」，據文淵閣四庫本、歷代名臣奏議卷二八二胡安國奏議改。

〔一七〕恭王名匄而書晉士匄　恭王即周敬王，宋人避宋翼祖趙敬諱改。下同，不出校。

〔一八〕義亦可知　「亦」字原作「不」，据歷代名臣奏議卷二八二胡安國奏議改。

〔一九〕依太常博士王晳所進春秋解例　「王晳」，歷代名臣奏議卷二八二作「王晢」，又宋史卷二〇二藝文志一有王晢春秋通義十二卷，未知孰是。

〔二〇〕庶幾名實不亂　「不亂」二字原闕，據歷代名臣奏議卷二八二胡安國奏議補。

百官箴卷三

左丞相箴

明明天子，孰不欲治？孰肯願亂？亂日何頻，治日何罕！能去彼憸，能正厥事，非心未格，焉得人治？甚矣非心，如薙草然。其本猶在，且復蔓焉。三代以還，治不三代，雖有賢君，非心猶在。非心之烈，天地易位，萬物不育，吁其可畏！

勿謂我聖，而無非心。虞舜之聖，危微是箴。人心愈危，道心愈微，危微之毒，民將受之。無稽是聽，弗詢是庸。心危僅爾，四海困窮。精以察之，草無遺種。一以守之，始始終終。心純乎天，永無異萌。見於日用，允執厥中。禹逢聖帝，可奮其忠。無若丹朱，慢遊傲虐，舜豈有是，贅言奚益？敕天之命，至誠無息。茲所以聖，匪徒容納。臣愛一語，敬修可願。可願伊何？可欲謂善。此即道心，勿求諸遠。隱之吾心，是而無非。此即道心，力以行之。隱之吾心，非而無是。此即非心，拔去勿遲。靡存孑遺，從事於斯。非敬曷以，伊尹所耻。君不堯舜，常試察尹。所以事君，德無常師，惟在主善。

善無常主，克一其原。終始惟一，乃時日新。斯其最要，陛下留神。

成湯之聖，仲虺進規。德苟日新，萬邦惟懷。志苟自滿，九族乃離。懋昭大德，大學明明。用爽厥師，大學新民。二者欲止，止於至善。盍以自得？得師爲先。人莫己若，殷鑒不遠。自用則小，好問則裕。惟先格王，尹虺不殊。謂君不能，是賊吾君。萬方有罪，在予一人。君師之責，當察非心。天下未治，君心未純。他人莫知，陛下留神。有堯舜資，何苦不爲？萬世在後，光明俊偉。宰臣司化，敢告執戟。

右丞相箴

伊尹爲右，仲虺爲左。左之左之，右之右之。之無不可，並建宰臣，以穆天綍。應變守文，和羹有賴。右相林甫，妬賢嫉能。右相觴賓，竟日無人，權居私室，國何賴焉？彼相彌遠，久據於右，不遷昭文，杜來者所繇。用心如此，何以扶宇宙？是以聖王，知偏聽生姦，獨任成亂。故用賢，無留難。三辰不軌，擢士爲相。用捨之權，歸之於上。臣無有作福作威玉食，民無二王，以進退爲邪正。自作朋黨，快彼私忿。禍終於家邦，何以燭之？心正意誠，知至物格，忠俊公明。以是擇相，魑魅退聽，傍招俊乂，孰不欽承？宰臣司化，敢告侍宮。

樞密箴

肅肅樞庭，時維本兵。禹征有苗，周公東征，將相合一，而文武並用。出爲軍旅，歸而爲農，兵民不分，文武何有乎相輕？秦置太尉，漢大司馬，相尊等耳，權則或過。樞機周密，乃任恭、顯，傳至後世，奄宦是與。梁唐懲之，始用士人，沿襲之弊，久而未泯。賜食厨中，謝衣階下，猶以貂璫，而待西府。府分東西，事分文武，相天子者，遂不知戎。臣弼曰「不可」，乃革其故。二府既通，脈絡貫融，自靖自獻，和而不同。一范一韓，召登宥密，上前力争，安事形迹？書雖中書，必陳其實，同列不悦，上悦其直。彼相京、檜，喜同惡異，匪國是謀，惟身是計。同而不和，口然心議。廟堂如此，治象可知。故有天下，君毋喜其同，將危我邦；毋樂其顯，將瘠吾民；毋取其易制，將敗乃公事。樞臣司化，敢告綴衣。

參知政事箴

惟天惠民，惟民有主。有君而爲之貳，維相維輔。爲上爲德，爲下爲民。同寅協恭，不宜有怒，聚精會神。彼相惟檜，市權固寵，蔽欺聰明。各議執政，檜必銜知，竟抑其人。謹署紙尾，諾諾而已，略周是非，輒斥以死。「伴拜」之號，居然可知。使檜無死，禍豈止斯？天祚我宋，薄言誅之。善伺上意，善養君欲，君喜林甫任其勞，不知林甫擅其獨；能練文法，能持格令，君喜林甫之無私，不知林甫之專政；「天子用人，何不可者」，君喜林甫之尊君，不知林甫之賣主。無逸一圖，易以山水，明皇懽然，天下瘠矣。妬賢嫉能，明皇知之，知之是矣，相之奚爲？恭惟仁祖，選於衆而舉仲淹。開天章閣，俾得盡書，言既盡止，我其從之。乃命相臣，公心協力，而行之於斯萬年。仁祖如天，上天無朕。仁祖孔明儀刑，仁祖萬世稱聖。輔臣司化，敢告寺人。

經筵箴

任賢去邪，人主所同。以忠爲佞，以佞爲忠。似是而非〔一〕，事有萬變；物有未格，將何以辨？物格知至，意誠心正。權度無爽，鑑空衡平。是以帝王，靡不務學，堯舜禹湯，備載篇籍。至於武丁，爲商高宗，中興之盛，比隆成湯。遜志時敏，學於古訓，終始典學，監於成憲。三代而下，治不如前。何以不如？學失其傳。記問是急，詞藻是事。以學與政，判而爲二。經幄設官，但爲觀美。及謂學問，無補於治。

我宋受命，奎會五星。文明之祥，有開必先。太祖歷試，聚書數千，欲增智慮，而廣聞見。雖在軍中，手不釋卷，聞有奇書，千金肯捐。及其即位，好學不變。視朝之暇，未嘗晝寢。聲色是遠，經史是親。誰不讀經？帝感措刑。誰不讀史？帝念民冤。以學爲政，夐掩前聞。家法如此，列聖罔愆。進進不已，三代何遠？

臣頤之言，原本是圖：「親宦官宫妾之時少，接賢士大夫之時多，則氣質可以涵養，德性可以薰陶。」臣祖禹言：「人君之心，惟在所養，邪正當謹。君子養之以善則智，小人養之以惡即愚。然小人易親，賢人易疎，故寡不勝衆，正不勝邪。」二臣之言，當時忽諸。當時忽諸，後世思予。元祐爲紹聖，豈無其故？二臣之言〔二〕，有待聖主。侍臣司經，敢告前驅。

翰苑箴

巍巍太宗，聖訓昭垂：「詞臣清美，朕恨不得爲之。」崇重若斯，疇敢不力？賓之友之，諫行言得。其在於唐，有若陸贄。至今誦之，宣公奏議。德宗親倚，綴饌解衣。呼以輩行，而不名之。正主功多，罪己言切，悍卒武夫，無不感悦。既安且寧，追仇盡言。延齡是聽，忠州杜門。故君人同情，欲治惡亂，治少亂多，盍亦自反：豈非用賢如轉石，去佞如拔山？樂人順己，而惡其犯顔。國事日非，諾諾罔間。黿禁所用，惟尚文辭。

麻不可草，斷腕者誰？是以憲宗，嘉此崔群，數進讜言，人當自陳。

肆我祖宗，視猶宰臣。肅我袍帶，依此詔本。臣殊奏稿，帝自類之；臣修帖子，悅而喜之。爰有明詔，俾爾論思：「毋專文翰，而輟言議。毋樂循默，謂無言責。汝言予聽，予不汝隔。」臣敞磊落，遇事建明，執政忌之，帝保其成。進賢出邪，闢諫諍路。「愛朕之深，如禹偁元之者，不爲苟止，不爲妄隨，多所補益，宿也朕知。」恭惟阜陵，即位之元，詔俾內宿，翰苑經筵。復祖宗舊，啓沃一人。從容輔導，不知其潤。顧問殷勤，或至夜分。可謂忠言，孝宗明明。侍臣司翰，敢告掖令。

諫臣箴

人主一心，攻者甚衆。況乎氣稟，易偏難中。是以聖人，几杖盤盂，物物養正，念念閑邪。猶懼隱微，失不自知。乃以內廷，俾相領之：庖饔酒漿，次舍衣服，器用財賄，奄人御妾。至纖至悉，冢宰之法。內外交養，私邪息滅。至於後世，此具盡廢。僅有諫員，復多忌諫。諫之有員，意已不古。古者卿士，暨於黎庶，誰不可諫，安有員數？諫員既狹，諫疏具文，不忤君相，不詆權門。治日常少，亂日常多，職此之故，顛倒思予。舜作漆器，禹彫其俎。防微杜漸，諫者十餘。從諫則聖，愎諫則愚。讒諂面諛，朝夕與居。國欲治，可得乎？

唐有文皇，始初清明。諫官入閣，政事與聞。勉强受諫，貞觀策勳。五伯假之，此心不誠。何待十漸，始之不終。停昏仆碑，自儕昏庸。

丕丕祖宗，家法天容。豈惟容之，改過大勇。從官直前，庶官轉對。脱有要切，作時慷慨。「毋懼逆鱗，朕方招徠。事無長短，並許敷奏。」思賢若渴，從諫如流。日往月來，養成聖性。夙夜循省，内愧於心。不恃居尊，使不敢言。豈惜禹拜，庶幾進忠。「朕之汲黯」，天語載揚；魯直之褒，奎畫垂星。執政僭所畏忌，帝不墮其計中。慶曆有詔：「俾無日不朝，請隨事進諫，恨晚用卿。」四諫風采，萬世之慶。無日無疏，無一放過。「朕之闕失，民之疾苦。」欲防壅蔽，大開言路。常論拒諫，皆因有心。苟無心矣，諫則必從。輕用喜怒，悔過責躬。祖宗如此，安得不昌？彼相安石，幼學而壯。不行入閤故事，遽叛平生之言。私爾忘公，由是又益兩參政。何異林甫？教不以鳴，鳴則黜之，由是諫諍路荒。君人鑒此，毋自塞其聰明。張萬福，武夫也，而其言至當：「朝廷有直臣，天下必太平。」侍臣司規，敢告虎賁。

後省箴

天不與三辰争明，地不與五嶽争峻。有五嶽所以成地，有三辰所以成天。不有臣直，安知君聖？未聞君聖，與臣争能。巍巍祖宗，虚己以聽，思屈群策，爰列三省。爰列三省，中書造命，門下審覆，尚書奉行。相制相維，百度以貞。門下有給事，中書有舍人，命令未當，塗居不靳。如虞納言，如周内史，出納朕命，八枋詔治。宰相惡其害權，去以美遷。故事有門，時往咨詢，宰相塞之，以示自尊。唐宗有言：「詔敕不便，皆雖執論，比無片語，厥職孰振？」若惟署詔，其誰不能？凡有舉駁，先稟宰執〔三〕；祖宗革之，不許關白。空黄先書，隳壞舊制；祖宗革之，必除弊例。更相檢察，久而易渝；祖宗革之，必令互書。舍人行詞，封還久廢；祖宗革之，臣弼言是。直關門下，號曰密白；祖宗革之，尊三省式。有若臣敏中，有若臣詠，爾其酌之，夫然後行。可否相濟，和如和羹。各言爾志，天下其有，不平者乎？後世之敝，何可勝道？曰「尚先行」，曰「中入報」，曰「有御筆」，曰「有内降」。豈敢愛之？畏我祖宗。欲如澤不可長，倖如穴不可開。藝祖神聖，乘快指揮，誤纔一事，愧恨盈懷。日月萬世，人皆仰之。侍臣司駁，敢告輿臺。

御史箴

顒顒九重，天下所君，無他職事，惟辨小人，與夫君子。和而不同，周而不比，君子則然，小人反是。臣下比同，更相蔽蒙，利害不聞，誰受其凶？是以祖宗，聰耳明目。耳目伊何？臺諫言責。惟諫與臺，不私往來。諫官論列，臺臣或不與知；臺臣有謂不可，諫官抑或是之。各得自彈，不白長官，豈有比同，如今之患？想當是時，無有呈身，而有忘身；無有識面，而有鐵面。匪妻子是謀，惟國之爲念。論燈籠錦，上存全之；言中闈事，上召還之。衣可引，怒可解，忠鯁不可不從，亂亡不可不戒。

臣琦伊、周，而不押班；臣修孟、韓，而右濮園；言辨行堅，無如安石，抗論箋天，不遺餘力。臨難無仗節死義，皆平居無犯顔敢諫。「姦臣之始，以臺諫折之而易；及其既成，以干戈取之而難。」臣軾之論，千載永鑒。防人之口，甚於防河，豈不速止，壅爲洪波。大決所汎，傷人必多。不如聽言，流通以和。厲王監謗，有彘之禍。

臺諫親除，宰執不敢與，乃儲私人，於所遷之路。明明陛下，不聽宦竪，借彼喻此，陽擠陰助。以是得臺諫，寧不承風措，舍彼豺狼，專事狐狸？豈無忠臣，劾崔日知。覆如所搆，譖成彼姦謀。傾臺盡逐，號曰絶市。雖除美官，實則逐之。矧於而國，以便其私。故君人者，毋樂一時，適意而忘，萬年遺臭。侍臣司糾，敢告左騶。

史臣箴

煌煌柱史，正色寒芒，史臣象之，敢有不忠。趙盾、崔杼，不畏鈇鉞，畏此簡書，則莫我敢曷。嗣書而死，再嗣書之；南史有聞，執簡趨之。諸侯有是，我曷無之。喜諛惡直，我自疎之。秉筆左右，宰相是隨。直書無諂，貞觀有輝。「不聞帝王，親自觀史。」「設令遂良不記，天下亦皆記之。」永徽以來，乃弗肯堂。對仗故事，雖復具文。仗下之後，爾謀爾議，皆不與聞。馮定有請，宰臣不悦。宰臣自謀，而遑君之恤。文宗孔文，文皇是師。右史左史，咨質所宜。挺挺魏謩，有祖風烈。文宗嘉之，曰「卿忠切」。宰相奏事，備録以藏。昭獻之政，尚有典刑。取史以觀，謩曰：「不可，後必諱屈，毋爲始禍。」

聖哉祖宗，言路天開。升陛紀録，臣錫陳之；更不進本，臣修是謀。立於座後，事有弗知，臣修是政，史職不頽。幸有二史，濡墨立螭，讒慝頗僻，則不敢肆。昔也豈前，先稟中書，臣存言之，神宗感悟。權臣用事，言路榛塞。居是官者，諉無言責。拜命之初，僅一造膝，高宗懲之，弊例以革。彼檜不仁，缺官不補，記注不修，積年十五。高宗懲之，迴職載舉。忠簡臣銓，有言必疏，四失當正，孝祖是聽。於斯萬年，取法乾淳。强爲善爾，毋催不録。彼牆有茨，自以爲密，書之於經，市朝之撻。畏人知之，曷若自克？九皋至深，聲聞於天，史臣不書，豈無他人。日見史臣，是亦盤銘，日歷十稔，疇肯曠職？有五不可，汗青無日。漢郡國計，先上太史，副上丞相，今寧有此？褒貶脱口，漏言四馳，監修是稟，直書者希，見讎貴族，率多諱避。聖訓具存，去愛憎私。察攸所修，渠曰實録？逼於權勢，扈蒙可削。毋用匪人，以輕厥職。亂臣賊子，革心寒骨。寢彼邪謀，化爲良弼。侍臣司史，敢告車僕。

校勘記

〔一〕似是而非　「似」原作「佞」，據文淵閣四庫本改。

〔二〕二臣之言　「二」原作「三」，據文淵閣四庫本改。

〔三〕先稟宰執　據文意，「稟」字當爲「稟」字之誤。

百官箴卷四

尚書吏部箴

于于求仕，臣握其銓。致君澤民，誰無是心？胥史交賄，公舞我文，坐此淹留，哀是孤寒。率之以身，照之以智。科條無措，令式庭置。使人畢見，得與吏辨，吏巧莫藏，仕者咸便。臣之職分，敢有不勉。慮彼英俊，沉於下僚，藝祖之詔，豈拘常調？太宗讀史，嘆無馬周，不次用人，史屢書之。真宗引見，改官循資，或予或奪，睿斷神謀。彥博所陳，三類是分，一經聖鑑，物無遁形，更有去留，孰不勸激？蓋有治人，而無治法。臣如通之，衆則咎臣曰：「祖宗法不宜有愆。」其曰守法，守於寒畯；其於貴要，法乃蕩然。不觀建炎，臣僚所言：「京、黼用事，部闕堂奪，判一『取』字，則莫我敢曷。部有佳闕，密獻于堂。寒遠之人，其將何望？」高宗然之，詔部遵守。部遵守矣，堂不自咎。孝廟有訓：「中書務清，奪此銓事，焉用銓衡？」臣常推之，天下猶身，一人元首，大臣腹心，心苟不清，身曷以寧？清中書務，聖訓孔明。侍臣司選，敢告宮正。

尚書户部箴

藹藹泰和，在虞與周，司徒之官，邦教是司。考四朝志，首崇孝義。猶未若今，匪財不謀。唐税間架，漢算船車，焚林而田，竭澤而漁。漢算緡錢，唐爲宫市，爲國家謀，宜不如是。平收使佞，他門捷進，以利忠帝，而希大任。鹽法是更，富國强兵，而法不思，思攸以長。是以藝祖，最惡羨餘，謂羨餘者，掊克得諸。太宗亦云：「外則侯臣，戕我黎民，恣其掊克；内則權倖，貨賂無極。每念百姓，寒耕熱耘。儻非養兵，兩税亦捐。」真宗有詔，謂法禁密，籠取遺利，民何以息？賦增迭年，以多爲額。人喜羨餘，帝則禁黜。仁宗聖訓：「聚斂之臣，過於盜賊。爲朕結怨，孰云有益？」高帝亦慮，斂怨於國。列聖仁民，乃壽國脉。儉固有仁，有本有原。卧榻墨漆，青布葦簾。「孃孃節料，錢以三千，皇后千五，長生七百。」聖君用度，萬嗣法式。布褐維絛，帟幕青紬。衣屢澣濯，見笑宫人。宫中無費，罷月進錢。生民膏血，天詔諄諄。咸省浮費，始自宫掖。許行取會，斟酌裁抑。庶幾心服，内外如一。家法具存，何必古昔。天命靡常，民情可見。侍臣司版，敢告執鞭。

尚書禮部箴

棣棣威儀，魯侯自喜，晉侯悅之，曰「是知禮」。叔侯曰：「否，此之謂儀。儀之與禮，渠可一之。政在大夫，而弗能取；有子家羈，而弗能舉；公室四分，不恤其所。豈知禮者，而若是乎？」

虞之秩宗，周之宗伯，典朕三禮，以和邦國。克己復禮，相爲盛衰。人心惟危，道心惟微，敬以直内，此禮之本。三綱五常，由斯其準。三綱順軌，四夷鄉風，禮之功用，一念所充。

三年大比，臣不敢辭。公卿將相，率是焉基。藝祖聖訓：「勢家争名，巧取科給，哀此寒生。假手於人，亦既擢第，以此治民，何有道義？」唐之諸科，凡四十九，今所存者，進士而已。詞科雖存，乃不取士，文字之官，儲不以時。賢良方正，得人最多，彼相安石，惡其不阿。此科之罷，言路可知。復於元祐，紹聖罷之，一罷一復，邪正昭如。高宗中興，鑒彼前車，屢詔復焉，應者晨星。彼相之心，即安石心。孝宗英睿，灼知其蔽，淳熙詔語，丁寧切至：「將朕忱意，未孚而真，賢臣能之，莫肯出與？」不限三歲，不拘人數，恢闊如斯，是亦孝祖。科目難拘，遺逸當舉，一目之羅，得雀則否。無兢維人，籲俊尊帝。豐水有芑，仁及數世。涵養成就，願留之意。侍臣司典，敢告執綏。

尚書兵部箴

旦旦五材，誰能去兵？啓誓于甘，乃召六卿。天子六軍，寓於六鄉。六卿之號，因鄉以名。警則以戰，居則以田。軍將皆卿，文武不分。佳兵不祥，無備必危。漢武佳兵，晉武無備，過與不及，二者胥失。兵端一開，始自馬邑。兵連禍結，不可收拾。海內虛耗，户口減半，輪臺匪悔，岌岌乎漢。晉武平吴，自謂無虞，山濤亦有言：「武備不宜去。」帝稱之曰：「天下名言。」而不能用，悔亦徒然。

今日之兵，數非不多，一可當百，視昔如何？虛籍不補，教閱不精，勇於傲上，而怯敵人。藝祖神武，聖訓具存：「晉、漢衛士，數千萬盈，可用者寡，與無兵均。朕按閱之，去其冗弱，擊刺騎射，親教以略。悉爲精鋭，一可當百。」川班殿直，率相自訴。藝祖赫然，奮厥威怒：「朕之所與，安得有例？」殺四十人，此班遂廢。豈有太阿，而可倒持？軍驕卒惰，尚焉用之？當時勝兵，二十萬畢。南征北伐，未聞乏使。所至輒克，何以多爲？帝猶拳拳，欲去冗兵：「不出百年，民力其殫。」味帝斯言，復府兵制。寓兵於農，無養兵費。有事命將，事已歸農。兵既不惰，將亦無權。國無驕將，將亦令終。侍臣司政，敢告中涓。

尚書刑部箴

陽居大夏，陰積空虛，任德不任刑，此天地好生之心與！守位曰仁，在積取舍。積此禮義，久有天下；積彼刑罰，二世秦亡。人主觀此，效驗孔明。或謂教化，不如法令，彼胡不觀？觀周與秦，能一天下，不嗜殺人。五代深刻，爲我毆民。天祐太祖，堯舜性仁。讀書而嘆，得堯舜心。四凶之罪，投竄而已。憲綱之密，哀此後世。惻隱一念，有意措刑。上帝監之，萬世爲君。萬世爲君，是誰之力？太祖之仁，與天無極。陽九厄運，旋即中興。人心未忘，太祖之仁。宴紫雲樓，俯念愚氓：「藩侯苛虐，朕斷不容。」枉法殺人，方鎮跋扈，置而不問，焉用刑部？人命至重，當如是乎？録案以聞，刑部審諸。是不仁者，能壅吾澤。太祖懲之，民受其福。豈肯聽彼，殺人如嬉，動以軍法，於民行之？洙泗有言：「欲善民善，何以殺爲？盍亦自反？反身而誠，風行草偃。」不教而殺，是謂罔民；教而不身，民亦弗從。教化既行，習俗自美。成康刑措，如是而已。式敬由獄，長我王國。侍臣司禁，敢告攜僕。

尚書工部箴

國有六職，工與居一，虞之共工，周之司空。城郭都邑，社稷宗廟，棟宇宮室，車服器械。後世屯田，泉布水利，山虞川衡，事無不隸。漢文露臺，惜此百金，上思先帝，下念生人，以示敦朴，爲天下先。昭哉孝昭，問民疾苦，鹽鐵是議，輕徭薄賦。孝宣綜核，咸精其能，械器工巧，後世莫並。楚王好細腰，宮中多餓死。上之好惡，可不謹之？

爰自比年，澆浮已甚，善覘國者，可爲寒心。籩豆既廢，乃用盤杅，奇伎奇器，王制所誅。用器不度，不粥於市，返樸還淳，在上而已。卑宮惡服，夏禹以昌，象箸玉杯，漸不可長。充國屯田，賴有明主，錢流地上，恭儉富庶。天下之本，在於一人。勿作淫巧，以蕩上心。何以御世，孟氏指南：「朝不信道，工不信度。道揆廢上，法守廢下。君子犯義，小人犯刑。國之所存，雖恃天幸。上無禮，下無學，賊民興，亂且作。故曰責難爲恭，陳善爲敬。何謂賊臣，謂君不能。城非不高，池非不深，山谿之險，兵革之堅。」臣之職分，敢不盡心？執藝以諫，愧無良箴。侍臣司繕，敢告雁驂。

二府掾箴

穆穆祖宗，公聽並觀，一心兩耳目，智慮有限。懼有闕遺，偏而不舉，衆建掾僚，以毗二府。二府得助，委蛇委蛇。虚闕不撓，悠然我思。于其大者〔一〕，爲國家謀，毋急細務。細務是急，其與幾何？遠者大者，或昧厥圖。祖宗設官，意其自此。聖君神謀，其誰識之？是以慨然，易吏以士，又於士中，易武以文。俾識此意，識者罕省。胥史强悍，敢侵厥官，重者責竄，詔書諄諄。命令稽壅，吏媮不虔，紀綱失序，淳熙戒旃。時彼分廳，請間白事，多持兩端，希合意旨。請以公禮，聚見是俟，共決可否，肇自臣摯。人之常情，惡人異己，謀人國家，不宜如是。諸葛孔明，千載稱賢，發教群下，毋遠小嫌。難相違覆，曠闕損焉，違覆得中，猶棄敝蹻。而得珠玉，我心則獲。四子直言，終始好合。可以明我，惡諛好直。諸有忠慮，於國但勤。攻吾之闕，則事可成，賊可滅，功可蹻足而待。請盡忠而無惑。事有未至，十反靡輟，幼宰殷勤，君所甚悦。開誠心，布公道，集思慮，廣忠益，俾孔明罔專美，願明詔詔宰執。陪臣司佐，敢告執戟。

太常箴

人而不仁，如禮樂何？克己復禮，仁斯在我。我則既仁，表裏天則。三綱以正，五禮以飭。教化興行，風俗淳美，和氣洋溢，乃作樂以宣之。故樂聲淡而不悲，和而不流，聞者感動，心平氣柔。樂出人心，而防人心。相爲流通，至治渾涵。百獸率舞，鳳凰來儀，仁之功用，於焉見之。怠於克己，何以復禮？一念不仁，禮教殄矣。登降揖遜，徒爲虛文。不誠無物，民亦弗從。心失厥仁，民失厥所。冕聽古樂，則惟恐卧。代變新聲，妖淫愁怨。妖淫導欲，愁怨增恨。賊君棄父，輕生敗倫。今樂之禍，漫不可禁。不復古禮，不變今樂，欲以致治，寥哉愈邈。「素與吾言，政不及化；夔與吾言，聲不及雅；林與吾言，文不及理。」何怪王通，憂心如醉：「政不及化，天下無禮；聲不及雅，樂其衰矣；文不及理，天下無文。」何怪王通，憂心如熏：「孔明無死，禮樂其興！」玉帛鐘鼓，禮云樂云？臣請斷之，先之以仁。陛下大聖，願益留神。百世墜典，有待陛下。卿臣司紀，敢告典路。

宗正箴

九族是親，帝堯明德，葛藟所刺，棄其九族。治亂之機，瞭如龜卜。親親仁民，仁民愛物。理一分殊，渠容無別。不論其理，而論利害。「周以宗彊」，徒計成敗〔二〕。親而匪賢，有庳之民奚罪？民將讎之，非所以愛。故我祖宗，愛能勿誨，教養之法，遠過前代，人材輩出，多於異姓。教養功用，灼灼然明。吁嗟麟兮，振振公子，關雎之應，本原可識。文王修身，文王齊家，麟趾之瑞，豈倖致邪？焉用麟遊，始爲嘉瑞？公子信厚，何瑞如之？一朝一夕，寧能致是？意誠心正，不息而久，熏蒸貫徹，融液周流。儀刑文王，萬邦作孚。臣顥有言：「有關雎、麟趾之意，然後可以行周官之法度。」卿臣司系，敢告屬車。

大理箴

千載稱賢，漢張廷尉，仁哉文帝，故能用之。爲政在人，取人以身，移風易俗，黎民孔醇。幾致刑措，豈無所自？考釋之語，惡刀筆吏曰：「亟疾苛察，秦是以亡。無惻隱之實，過失不聞。舉措繫風化，不可不謹。」帝善其言，以進吾仁。故其爲廷尉，不以天子喜怒易其平，天下無冤民。豈惟釋之賢？能用釋之，文帝之功。張湯、杜周，彼胡能忍？武帝其原，其原帝心。堯舜率天下以仁，民偃如風；桀紂率天下以暴，民應如響。其所令反其所好，而民不從。未聞堯舜，而喜惡來；未聞桀紂，而用皋陶。向使桀紂令其臣以恤刑，彼從其意，不從其令。夫子不云乎：「聽訟，吾猶人也，必也使無訟乎？」盍亦反諸心：物格知至，意誠心正，身修家齊，國治天下平。堯舜好仁，天下景從，尚焉用訟？允也無刑。一念之差，上僅萌芽，下以尋丈〔三〕，誅不勝誅。欲齊其末，逾勤寖遐。卿臣司士，敢告埽除。

司農箴

古者官養民，今也民養官。以民養官，猶之可言，更肆殘剥，其何以堪？爲民父母，寧不動心？藏富於國，民貧則亂；藏富於民，國賴民安。我朝地廣不如漢，兵强不如唐，惟恃人心，以永以昌。列聖涵養，視民如傷。豈無遺利，聽民與藏。念彼繭絲，曷如保障？彼相安石，乃不謀長。口誦堯舜，心焉孔桑。自謂周禮，取法周公；自謂任怨，富國强兵。國何嘗富，兵何嘗彊？徒能斂怨，歸於公上。周公周禮，恐不此同。

當時新法，俾司農講行。君子據正，悉屏不用；小人阿意，載承載庸。天下囂然，喪其樂生。群憸流毒，卒貽靖康。原其用心，謂：「天變不足畏，祖宗不足倣，人言不足恤。」安得不亂亡？人主之職，在乎論相。擇相之原，正心以正朝廷。恭惟神宗，天錫智勇，安石相誤，聖訓孔明。卿臣司稷，敢告騎郎。

校勘記

〔一〕于其大者　「于」字原作「干」，據文淵閣四庫本改。

〔二〕徒計成敗　「計」字原作「紀」，據文淵閣四庫本改。

〔三〕下以尋丈　「丈」字原作「增」，據文淵閣四庫本改。

百官箴卷五

太府箴

致民聚貨，肇自神農；懋遷有無，神禹之功。洪範八政，食貨先之；仲尼讚易，理財正辭。生財有道，大學所崇；中庸足財，曰來百工。孟氏冠篇，「何必曰利」，「財用不足，爲無政事」。豈若孔桑，巧取於民，不恤其窮。

秩秩王政，周禮具之，有王者起，於焉取之。九貢、九賦，九功之貳〔一〕，掌其出入，太府之事。頒貨受藏，頒貨受用。史及執事，受財不同。式法受之，井乎有倫。邦之賦用，皆取具焉。乃立司市，物靡是革，阜貨行市〔二〕，成賈徵償。以質以劑，民莫容欺，乃立泉府，與民推移。市之不售，與貨之滯，買而售之，各從其抵。聽民賖之，三月旬日；聽民貸之〔三〕，國服爲息。邦之財用，皆取具焉。遵先王法，曷其有愆？

「仁心仁聞，民不被澤，職何之由，不遵王法。市廛不征，法而不廛，商藏於市，孰不欣然？關譏不征，旅悅願行。無夫里布，民願爲氓。」善學周禮，孟氏爲得；不善學之，王莽、安石。徒善不足以爲政，徒法不能以自行。以周公之心，行周公之經，粗精具舉，先後不爽。卿臣司藏，敢告執兵。

秘書監箴

諸將争走，金帛之府；齋齋酇侯，所志獨不。先收圖書，是藏是惜。沛公具知，天下險塞，户口多少，形勢彊弱，與民疾苦，圖書之力。秦滅典籍，乃自滅秦。規愚黔首，自愚厥心。國於天地，必有與存，故夫子不曰「斯道」，而曰「斯文」，欲人人見道，文者道之明。昌爲文王，旦爲文公，豈以虛無，爲道之宗？後世視文，直曰「文具」。孰知綱常，於此乎寓？經以載道，萬化出焉；史以紀事，治亂畢見；諸子百家，豈無片善？曆象璿璣，勳華所先。敬天授時，馮相保章，無災是懼，側身修行〔四〕。三皇五帝，厥書是掌，四方之志，達明四方。外史之職，周官所崇。左史倚相，能讀典墳。老聃柱史，知禮見稱，仲尼問焉。晚而喜易，祖述舊章，豈以胸臆，作爲大經。沛公溺冠，孔光賣漢，光武懲之，崇儒養源。作成氣節，有死無二，曹操姦雄，終不敢睨。今居中國，去人倫，無君子，志淺功，急近利，脱有緩急，其將誰恃？萬幾之暇，願深長思。監臣司文，敢告衡士。

國子監箴

唐之諸生，侮老慢賢，墮窳敗業，崇飾惡言，而肆鬭訟，而傲長上，而誶罵有司，而聚爲邪朋。今日之敝，無乃滋甚？挑達城闕，獄訟干請。以縱横舌，行貪婪心，上下相蒙，苟且歲時。一欲繩之，即墮危機。蒙者私己，繩者齊末。免而無恥，是亦徒然。曷若化之，天孰能遏？陛下赦臣，勿聽巧讒，寬臣羈靮，毋拘以文，俾臣化之，以復其天。

虞教胄子，乃命典樂。司樂在周，治國之學。後世論學，何與樂事？虞周設官，其必有意：優游涵養，鼓舞動盪。入人也深，救人未萌，中和以漸之，而扶其偏勝。故孔子曰：「興於詩，成於樂。」化之之道，豈在聲色？

放勳命契：「勞來匡直，輔翼自得，又從而振德。」舜之命之，亦曰「在寬」。不寬而教，秖見其難。師氏之教，德行爲先；保氏之教，道藝次焉。十有二教，安擾邦國，曰安曰擾，嚋肯逼迫。化之有道，悉忠悉孝。議政然否，無愧鄉校。安有京檜，立謗訕規，鉗口結舌，坐致阽危。舉旛千餘，救鮑司隸，安有汪黄，醜我忠義，殲我陳歐，不恤國事。善乎臣敦頤之言曰：「俾人自易，其惡自至其中。故先覺覺後覺，闇者求於明。師道立則善人多，善人多則朝廷正，而天下治。」監臣司成，敢告守闈。

將作監箴

懍懍春秋〔五一〕，萬世法程。書新延廐，譏時絀而舉贏。大無麥禾，此何如時，而郿是築，延廐是新？故穀梁傳惟時惟度。民勤于力，宜省功築；民勤於財，宜輕賦稅；民勤於食，宜廢百事。汰哉魯莊，宮室臺榭，是崇是飾，不慮其費。是故春秋，不書「無麥」於夏，不書「無禾」於秋，譏其不量入以爲出，故於冬焉書之。古者三年耕，必餘一年之食。莊公在位二十八年矣，而無九年之積，不此之圖，方興力役。何異韓昭，高門是作，屈宜臼謂其「不時，不知恤民之急」。所謂「不時」，非謂時日，後世卜築，時日是擇。虒祁既成，諸侯叛之，雖擇時日，何救於危？春秋凡用民力，得其時制者，猶書以見勞，民爲重事，而況輕用於所不當爲者乎？魯爲長府，閔子勸仍：「何必改作。」仲尼亟稱。土階三尺，茅茨不剪，時豈絀與？以昭其儉。春秋書法，杜漸防微。季氏專政，見於城費。群憸媚之，勞民安興。履霜堅冰，公室不兢。故人君不可以不知春秋，正心以正朝廷；人臣不可以不知春秋，朝廷正而百官正。彼相安石，首廢春秋，小人茅茹，君子林藪。京既相矣，花石有綱，護作大第，賜梁師成。春秋之廢，禍若是烈。監臣司匠，敢告夷隸。

軍器監箴

淵淵大易，萬里所家，卦之以萃，戎器是除。戎器是除，以戒不虞。儆戒無虞，是以泰和。九五自强，九四喜哉，君臣克艱，能除能戒。臣常觀師，上順下險，險不我順，故用兵焉。九二爲將，閫外之權。今觀於萃，上悦下順，太平無事，武備當謹。九四近君，朝夕規警，器聚不用，常若敵侵。先爲不可勝，以待敵之可勝。

制治未亂，保邦未危。大寒索裘，何嗟及矣。貝胄朱綅，朱英緑縢，莫不待匱。二矛重弓，千乘猶然。矧伊宣王，既攻既好，既同既阜，車馬既修，器械既備，弓矢既調，決拾既佽，外攘夷狄，内修政事。兵不完利，與空手無異；甲不堅密，袒裼相似；弩不可遠，有弩何用；射不能中，與亡矢同；中不能入，有鏃猶亡。故曰：「器械不利，以卒予敵；卒不可用，棄將如擲；將不知兵，是棄厥主；君不擇將，國乎敵予。」此義雖精，精義更窮。甲胄起戎，干戈省躬，詩不云乎：「無淪胥以亡。夙興夜寐，洒埽庭内，維民之章。修爾車馬，弓矢戎兵。」「張皇六師，無壞我高祖寡命。」綱舉目張，體立用行。大易淵淵，陛下胸中。監臣司戎，敢告郎將。

登聞院箴

蕩蕩帝堯，置敢諫鼓，下情上通，焉有壅者？豈若後世，不敢言而敢怒。堂上百里，堂下千里，君門萬里，何以言之？兩耳不聞，如百里隔，推此言之，萬里壅塞。登進厥民，殷所以昌；謀及庶人，周所以王。視民猶子，有道之長。秦師百萬，命將章邯，邯遣長史，請事咸陽，留司馬門，三日莫通。漢淳于公，郡國倉令，有罪麗法，少女上章，帝悲其意，遂除肉刑。秦漢寬嚴，觀此甚明。漢是以永，秦是以亡。有愬於君，如愬於帝；有請於吏，如謁於鬼。下情不通，不敗不已。

仁哉祖宗，篤意軌函。臣詠臣起，是掌是判。渠如曩時，典以奄宦，雖俾抱關，事不與焉。仁宗聖訓，冤枉是悼，不爲理雪，赤子無告。忠定臣綱，相我高宗，謂舜之聖，明目達聰，休戚利害，日欲上聞。惟士若民，願效厥忠，孰爲急務，此院是先。「民到于今，猶受其賜，微管夷吾，吾將左衽矣！」故有天下者，毋曰我貴，不察憔悴；毋曰我明，不樂諫正；毋曰容納，説而不繹；毋曰招徠，從而不改。聞過則喜，改過不吝。院臣司徹，敢告閽人。

進奏院箴

濯濯藝祖，談笑經綸，收藩鎮權，以保我後人。奏邸宿弊，於焉以革。納言之屬，妙揀名德。昔在有唐，府兵既壞，五大在邊，尾大不掉。置邸京師，大將主之。使爲中扃，纖悉必知。祖宗懲之，居重馭輕。不謂近世，弊復如唐。不以大將，而以險佞，置局京師，名曰「接應」。名曰「接應」，實則刺聽。貨賂公行，變亂邪正。困天下力，僅以養兵。乃饑其師，以事蠅營。士卒勤勞，了無一飽，饑則思亂，等死寧保？餉所驅催，急於星火。舟車貿易，侵削邦課。貨悖而入，用以鑽刺。熒惑聖聽，以黑爲白。間諜不明，多爲所欺，不用於敵，用之京師。選任之意，寧當如是？倚負幽陰，以是得之。今其布置，蓋嘗得味。卓卓陛下，甚似藝祖，掃空宿弊，當在指顧。院臣司牘，敢告謁者。

官告院箴

絲綸王言，廢置予奪，當謹於微，漸不可遏。將軍告身，僅易一醉，以德詔爵，焉得至是？爛羊關侯，鬬鷄衛郎，爵不足勸，俾民卒癉。倖門鼠穴，賢路茅塞。害歸國家，利歸私室。利之所歸，權亦歸之，陛下何獲？獨受群疑。萬死一生，戰功日多。上功閲歲，爵命何遲！賞不踰時，所以勸善。富者速得，貧者坐閒。敝壞如此，何以使人？院臣司綸，敢告導前。

糧料審計箴

悠悠幅員，匪官曷乂？有備無患，兵不可廢。臣職廩稍，臣職會計，復有外司，與四總階。小吏俸薄，胡以責廉；大吏豐家，繼富徒然。毁家紓難，子文何人？園葵可拔，紅女可捐。裒多益寡，謙無悔吝。增小吏禄，廉還可興。國家之費，莫大養兵，楮幣拆閲，斯其病源。日造甚夥，益爲兵費，百司禄賜，纔十之二。物多則賤，物少則貴。既多而賤，拆閲宜爾。將欲不多，如兵費何？盡力收之，出愈無涯。軍士得楮，數不減舊，厥直不登，鮮可以飽。愁苦無聊，未知淑後。救楮獻計，何止萬端？末流是急，本原昧焉！臣有愚策，兵費可省，不激事變，不撓物情。救楮之策，無出此者。信而後諫，未敢驟語。院臣司禄，敢告戎御。

榷貨務都茶場箴

恤恤祖宗，視民如傷。以鹽殺人，五季是懲。寬以立法，不盡民利。儉故能仁，豈無所自？洋洋聖訓：「茶鹽民用，設法禁之，致犯者衆。經費尚廣，未能弛之。安可數更，俾民食貴？摘山煮海，權以佐邦，財賦有餘，當與民共。」聖訓洋洋，安敢有違！謂雖唐虞，亦不弛此；謂欲抑末，於以重農。末未嘗抑，農孔之邛！農食貴鹽，鹽貴於藥，增價於民，倍收其息，以是罔上，茲爲民賊。盍思祖宗，寧留遺利，曰「地阜財，亦已至矣」。過求增羨，不肯有司。有司何知，但計推賞，不恤吾民，民病國從。

六百九萬，可以中興，今爲萬者，二千四百。又數變法，民病罔極。民病罔極，賞將何爲？臣爲有司，不敢效尤。祖宗全盛，茶四百萬；版圖半蹙，數猶不減。紹聖鹽息，三十萬餘，今二千萬，民何以家？潤州鈔引，許至餘杭，淳熙議論，懼乏軍興。建業榷務，儀真是移，利榷得矣，如乏興何？制閫浮鹽，諸司販粥，恬不之問〔六〕，惟商是蹙。惟商是蹙，民實病之。民病國從，臣言不欺。轄臣司榷，敢告擁篲。

雜買務雜賣場箴

欽欽武王，召公猶戒：「不貴異物，而賤用物。」百物騰躍，孰如今日。惟楮獨賤，稱提無策。齊高有言：「爲治十歲，當使黃金，與土同價。」衣有玉導，曰「長病原」，即命碎之，後世稱賢。陛下大聖，豈愧齊高。三十年間，願治實勞。上身恭儉，良無不至。敬天愛民，遠過前代。菽粟如水，躋民仁壽。奚獨未能，有任其咎。倖門易啓，貨賂公行。陛下不知，百姓受病。漢文惜露臺，鄧通鑄銅山，恭儉之中，類欠剛斷。通之饑死，致之者帝，將以愛之，適以害之。仲尼之言，人主法程：「棖也慾，焉得剛。」文帝不剛，病原在慾。帝能除慾，如彼碎玉。景滅跡絶，過也日月，更也人仰，萬古昭徹。懋遷有無，烝民乃粒。含哺鼓腹，可使唐虞。轄臣司市，敢告暬御。

文思院箴

嶷嶷后稷，時文思索，允臻其極，慮文滅質。殷輅周冕，仲尼尚之；鄭聲佞人，遠而放之。丹桓威宮楹〔七〕，刻桓宮桷，春秋特書，以懲大惡。天縱藝祖，異世同符。乘輿冠冕，珠玉盡去。七寶溺器，彼所以亡；麻履布裳，我所以興。晉王侍宴，禁中從容：「何大草草？陛下服用。」「汝獨不記，甲馬營中？」皇后公主，同詞勸帝：「黄金飾輿，未爲過麗。」帝笑答之：「豈力不備？爲民守財，不敢妄費。古稱以一人治天下，不以天下奉一人。苟自奉養，民何仰焉？」藝祖如此，列聖是遵。國祚悠長，夫豈無因？公量之頒，薄海所同，飽其谿壑，不量之共。欲責其廉，自上而下，事力既寬，廉恥成化。如是不悛，乃繩以法。道有原流，事有本末，春秋端本，自貴者始。轄臣司巧，敢告爲右。

校勘記

〔一〕九功之貳　「九功」原作「九貢」，據周禮天官太府改。

〔二〕阜貨行市　「市」字原作「布」，據文淵閣四庫本、周禮地官司市改。

〔三〕聽民貸之　「貸」字原作「貨」，據文淵閣四庫本、周禮地官肆長改。

〔四〕側身修行　「側」字原作「惻」，據文淵閣四庫本、詩經大雅雲漢序改。

〔五〕懍懍春秋　「懍」字原作「凜」，據文淵閣四庫本、僞古文尚書周書泰誓改。「懍懍」意爲「危懼貌」，與將作監箴所强調的人君應戒慎之主旨相符。

〔六〕恬不之問　「之」字原作「知」，據文淵閣四庫本、育德堂奏議卷一紹熙應詔言事狀改。

〔七〕丹桓威宫楹　「威」字原闕，據文淵閣四庫本補。

百官箴卷六

左藏庫箴

綽綽祖宗，經費何簡！以歲計之，百五十萬。月以萬計，三十有六。元豐費用，奚患不足？百二十萬，僅支一月。宣和崇侈，其何以國？中興用兵，月八十萬。淳熙無事，乃增其半。非泛所支，又不與焉。版圖半蹙，國何能堪？孝宗恭儉，費擬宣和，循習之敝，痛革乃可。於是臣湜，悉陳其故：「一老氏宫，衛卒百數。家廟護兵，多於太廟。正額將校，半增額外。閤門醫職，宦寺之費，外廷百職，不能半之。」注定經費，置會計録，祀戎之外，一切裁削。以其所減，除民税租。事不克竟，遺憾何如！

内帑之儲，始自太祖，取諸借國，以備饑旅。非若近世，内藏窠名，皆賦於民，啗腹割身。真宗發明，二聖本意，削平諸國，如丘親祠，爲費不貲，咸出於是。計臣所假，六千萬矣，三歲不償，即蠲除之：實爲計司，備經費耳。免彼倉卒，加賦赤子。彼相安石、檜若允文，匪國是恤，計利目前。版曹窠名，取可必者，歸之内帑，號「羨餘數」。乃以虚名，積累掛欠，歸之版曹，版曹日困。版曹日困，迫趣州縣，祖宗良法，惟以破分。遂壞此法，十分必登。以爲未足，造比較法，監司守貳，定爲賞罰。孟夏之前，較其巧拙，減展年勞，以誘以脅。州縣巧取，民不聊生。號不加賦，百計取贏，粒米狼戾，民猶無餘，天災流行，其何以家？端平彼相，耗此内帑，救楮不能，内帑遂空。歲入之數，今二十年，東浙一路，歲十餘萬。非舊上供，曹泳所創。如此之類，歲歲固存。旱乾水溢，何世無之？限以對補，蠲租竟遲，後時失實，膏澤不被。聖矣高宗，約以奉己，内帑一金，亦不妄費。本民間錢，爲民間用，水旱賜免，悉發内帑。孝宗恭儉，克遵父風。陛下不吝，已見端平。善推所爲，以惠困窮。轄臣司帑，敢告衛郎。

前宰輔侍從箴

寵利居成，當退厥身。豈曰身退，弗愛吾君？畎畝不忘，臣子攸同。矧受厚恩，敢忘效忠？苟有愚慮，空意以陳，陛下察之，毋惡儳言〔一〕。嘗考周禮，二卿一公，是以鄉老，豈在朝廷？鄉之大夫，一鄉一卿。居則師其民，出則帥其兵。公卿家居，不惟逸豫，猶幸其鄉，爲民範模。故此公卿，統於司徒，比其出將，司馬是御。謂此公卿，實在朝列。司徒司馬，曷其總攝。如置此事，於左右師，居左右塾，訓民以彝。公卿退老，則請爲之。出長入治，仕不鄉離。及其退也，鄉猶視儀。教化安得不行，習俗安得不美？王迹既熄，王澤遂竭，影響不存，日以澆漓。惟我祖宗，眷遇舊臣，或陪郊祀，或奉朝請，或侍經筵，或掌史事，或傅東宫，或賜北第。采薪之憂，車駕臨視。視臣猶體，報禮斯重。教事久湮，何時而講？三代之治，終不復乎？追還三代，有俟聖主。

殷先哲王，畏天畏民。經德秉哲，畏相乃成。御事厥棐，責難惟恭。不敢暇逸，矧敢崇飲。御事不暇，固其職分。百姓里居，亦罔敢湎。不惟不敢，亦不暇焉。居間無事，不暇何爲。助王德顯，厥辟是祗。殷後嗣王，燕喪威儀，酒誥之書，無逸同意：「無若殷王，酗于酒德。」諫行澤下，主聖臣直。舊臣司愛，敢告道僕。

京兆尹箴

翼翼天邑，爲極四國。爲極伊何，天下取則。以賄媚上，以法繩下，教化弗思，風俗弗顧。問之則曰：「於吾奚與？排姦擊强，吾所職者。」何怪生民，不見太平？身教者從，言教者訟，臣之職分，敢有不恭？人之爲人，有體無用，有用無體，均非適中。惟吾仲尼，德盛仁熟，道之斯行，立之斯立，綏來動和，如之何其可及？宰是中都，比及一年〔二〕，四方則之，風行草偃。君相非謀，墮敵計中，受彼女樂，孔子遂行。如其不然，變魯至道，王室是尊，烝黎是壽，吾其東周，蓋所優爲！天未欲治，止或尼之。昔在成湯，聲色不邇，貨利不殖，天君無滓。施之聽斷，何事不可爲？故改過不吝，用人惟己。巍巍功業，此心之推。當時商邑，用協厥邑。其在四方，丕式見德。豈如商受，用暴用逸。一興一亡，宜鑒于殷。恭惟藝祖，洞開諸門，端直軒豁，謂「如我心，少有邪曲，人所共覩」。豈容側媚，翳我太虛？尹臣司京，敢告微者。

畿漕箴

芒芒畿部，實惟兩路。我輦我任，我牛我車。東南民力，自昔云竭，王業偏安，矧於今日。譬如百疾，僅存胃氣，旦旦伐之，不斃不已。於乎哀哉，悠悠蒼天，曷其有已，哀哉憚人。念民力竭，良相曰旦；惟恐不竭，彼檜貪殘。江浙監司，暗增民稅。誰實增之？彼檜諭意！民力重困，纍纍餓死。詣闕調官，例邀珍賄，否則報聞，或加以罪。贓汙不法，檜卵翼之，並告無辜，上帝殛之。閹寺何爲，能去畿漕，青天白日，狐舞鴞嘷。故君人者，毋云無虞，而相阿諛；毋云無患，而聽豎宦。擢宰執以相順，必賊吾民；寄耳目於嬖近，必紊吾政。至道有詔：「民間利病，得以周知，惟乃轉運。更互赴闕，延見詢問。」矧臣不才，密邇清禁，事君常道，有犯無隱。計臣司輓，敢告護軍。

留守箴

烈烈漢高，自稱漢使，晨馳入壁，諸將未起，即其卧内，奪之印符，易置諸將，笑談指呼。亦有光武，親率六師，往來督戰，不憚馳驅。一以創業，一以中興。彼懷與安，古云敗名。公子安齊，焉能伯晉？中原霧塞，渠容安枕？惟我太祖，及我高宗，視漢高、光，凛然同風。恭惟陛下，聖不世出，寤寐二祖，道德風烈。端平甲午，先甲三日，淳祐甲辰，是爲後甲。始夢藝祖，繼夢高廟，規恢是勉，臣托撫勞。二祖在天，眷注殊常。書不云乎：「無怠無荒，四夷來王。」玉麟之符，臣實叨守，厲兵秣馬，以待巡狩。功無浪成，根本爲先，愛護命脉，保惜元元。孝悌忠信，可撻秦楚。臣之職分，載究載圖。何物狂生，獻計遷都，遷都重事，而胡可遽？臣之所陳，往來督戰，不費不勞。如王通言，能無怠荒？職在武林，猶在建康，何必遷都，始可折衝？臣普退朝，敢不衣冠？大雪深夜，駕猶幸焉。帝立風雪，普惶懼迎，已納普室，共坐普堂，地爐熾炭，普妻行酒。普從容問：「天寒夜久，敢問陛下，何以出遊？」「吾睡不着，見卿有以。一榻之外，皆他人有。」當時掖庭，不滿三百，常因霖雨，又出數十。在位十七年，未聞一有位號之人。中官黄門，止數十員，都知以下，裹巾褐衫。聲色不邇，貨利不殖，清明在躬，節用民給。

規恢之本，其在此乎？守臣司鑰，敢告禦侮。

都督同都督督視箴

斤斤陛下，臨御海宇，三十年間，三開都府。了翁何罪，嵩之何功，一進一退，左右弗公。難進易退，君子之節；狗苟蠅營，小人容悦。亦有臣葵，能世厥忠，置之密宥，自有折衝。清之忌忮，規退似韓，爲謀甚巧，俾葵督視。葵喪名譽，國斲元氣。清之爲謀，一網去之，成人之惡，用心若斯！葵欲控免，則類辭難，欲費科降，覆轍可鑒。葵也懲羹，自詭其能：「一泉一粟，不費朝廷。」財非天雨，亦非鬼輸，任桑弘羊，百巧以取，賣闕括底，人有公論。赤子何辜，籲天不聞。爲人父者，自椎其子，割身啖腹，身其餘幾。戕陛下民，命脉斲喪。陛下聞之，寧不痛傷？清之一念，禍烈如是。宅之括田，清之啓之，其陷宅之，亦若陷葵。宰相燮理，萬化之原，未聞宰相，公然賣官。昔在晉武，克己爲政，身平吳會，混一萬邦。當時劉毅，比之桓威靈，其言曰：「桓靈賣官，官庫得錢；陛下賣官，錢入私門。」武帝大笑，喜有直臣。人主之職，擇相爲先，擇相之原，誠意正心。督臣司武，敢告陛桓。

制置安撫經略箴

矯矯唐宗，成此府兵，寓兵於農，居重馭輕。天下之府六百三十四，而關内二百六十一。五大五細，居然可識。府兵一變，變爲彍騎；彍騎一變，市人宿衛，天寶之亂，不能受甲。後祀驕弱，隳我良法。方鎮尾大，遂以亡唐。竭天下力，于以養兵。故我藝祖，盡召諸鎮，各賜歸第，俾留于京。禮樂征伐，自天子出，尺地寸兵，皆運掌握。内兵十萬，外亦如之，合天下兵，乃同京師。内外相制，高枕無危。悍卒專内，臨以宦者，藝祖懲之，匪儒不與。儒臣建閫，服習義理，知尊朝廷，知愛赤子。赤子我親，敵國仰之，襁負而至，何以戰爲？教化興行，風俗醇厚，是爲金湯，四夷我守。異時循習，私役戰卒，朝廷養兵，忍以私役？異時虚籍，多利其入，莫肯招填，重費饟給。間有好名，别創新軍，何如體國，虚額是填？以不教戰，是謂棄民。養使温飽，毋剥毋剋；教使習熟，一可當百。敵之情僞，我必周知；我之操縱，敵不得窺。李泌常有言：「府兵未易復。戍卒十七萬人，食粟二百萬斛，就使有錢，無粟入糴。能用臣言，戍卒不減，百姓不擾，糧餉自寬。粟價日賤，可復府兵。其説無它，惟在屯田。」此其大略，潤澤在臣，臣之職分，敢不勉旃？

臣有一事，欲獻明君。藝祖將將，予奪抑揚。全斌平蜀，甫纔六日，徒以殺降，奪其節鉞。臣彬廉謹，超拜二使。及下江南，使用許之〔三〕。比其凱旋，慮其爵盈，爵盈忠衰，僅止賜錢。駕馭英雄，何事不成？無功而賞，有罪不罰，官職太驟，驕不奉法，方鎮之患，恐如唐末。豈無廉謹，以功自奮，非錢不行，乃遭排擯。安樂棄予，緩急何恃？苗劉之禍，不平攸致。帥臣司屏，敢告宿衛。

守臣箴

肫肫盛漢，三代未遠，簡易疏闊，代虐以寬。孝文久任，官長子孫，以官爲氏，上下相受，莫有苟且，久道化成。孝武奢侈，民用彫敝，姦宄不禁，罕能化治。孝昭孔昭，問民疾苦，乃議鹽鐵，乃罷榷酤。孝宣側微，爰知稼穡，刺史、守相，親見者察：「民安田里，無恨太息，與我共此，良二千石。」吏民之本，實在太守。數數變易，民將慢侮；知其將久，不可欺罔。服習教化，以從其上。故二千石，有治理效，輒以璽書，是勉是勞；增秩賜金，或至關侯；公卿有缺，選諸所表。漢世良吏，於斯爲盛。孝宣之治，號稱中興。然而雜伯，過於厲精，僞增户口，多爲虚名。光武知民，亦猶孝宣，解莽之密，還漢之輕。宫居無私愛，左右無偏恩，廢弋獵事，捐上林官。勤約之風，行于列郡。廣詢民瘼，内外匪懈，百姓寬恩，邊俗變化。臨邦邑者，兢能其官。然而刻深，未盡美焉。謡言單辭，遽易守長，耳目隱發，自以爲明。引杖撞郎，朝廷竦驚，長者之化，終愧孝文。兩漢盛時，後嗣鮮及，公卿以下，轉相促急。政事數更，守相數易，居官去官，或止數月。送故迎新，交錯道路。苟容求全，懷危内顧。治不如前，夫豈無故！漢猶有科，孝弟力田。爰及三老，導民爲善，與令丞尉，以事相教。教化不明，臣心是悼。羨餘相尚，趣辨相高。民惟邦本，念慮不到。漢猶心民，而況三代？陛下復之，力豈不逮？守臣司民，敢告宫臺。

發運轉運箴

古者天子中千里而爲都，四方之漕運者不過五百里；公侯中百里而爲都，四境之漕運者五十里而止。春秋戰國，惟戰是急。粟行三百里，則國無一年之積；行四百里，則國無二年之畜；行五百里，則衆有憂色。然皆行軍之漕，非論國都之漕。國有定都，民無費耗；軍行則漕，事已不勞。秦三十鍾，僅致一石，國耗好兵，身耗好色。後來全盛，李唐劉漢。漢初歲漕，止數十萬，景帝而上，無不足歎。四百萬石，吾猶不足，官又自糴，由四而六。武帝所少，懲忿窒欲。唐初府兵，且戰且耕，豈若後世，全仰大農。二十萬粟，裕我關中。府兵漸壞，費粟漸多，百一十萬，猶歎無餘。米斗且千錢，君庖無賓儲。逐糧天子，至於徙都。米不時至，軍士脱巾；帝聞饟來，酌酒相慶。

我朝都汴，四平無險，恃兵以存，轉粟爲先。然而列聖，深明本末，寧留遺利，不忍民奪。寸尺糗糧，非民焉出。建隆受命，悉從官給。歲額既增，穀貴民貧，約立中制，仁祖之仁。東南災患，輒減百萬，或移他路，以救水旱。皇祐一詔，實祈永命：「轉運之職，本以澄清，豈事誅求，剥民奉君。有致增盈，留爲移用，毋得進羡。」訓戒孔嚴。士遜辭行，臣旦教之：「今日朝廷榷利至矣。」不遺孔桑，而遺福星。君相如此，國脉以永。宰相讀奏，盡漏十刻，侍衛跛倚，上無倦色。國之大本，豈無奏牘，悉如所啓，遂有五年之蓄。江舟不入淮，淮舟不入汴，隨寓而倉，粟無耗散。祖宗良法，賊京始變。駐蹕錢塘，江浙爲根，科調百出，民力既殫。漕不任責，趣辦州縣〔四〕。臣光有請，高宗行焉。今日之民，由病和糴，高價糴之，仁祖成式。割身啗腹，不恤吾國。計臣司饟，敢告戎僕。

總領財賦軍馬錢糧箴

恢恢王業，偏安浙右。形勝控扼，上下數千里。蜀漢荆襄，江鄂而下，達于兩淮，列戍凡數百所，而其大屯，不過十數。計其州賦，共其軍食。昔畀主將，聽其入出，每託乏興，逗撓無勇。高宗患之，斷自宸衷，命中都官，爲外司農，典曰「御前」，財曰「總領」，章函直達，以制厥命。西蜀湖廣，江淮之賦，四總是歸，輸京蓋寡。加以科條，不時之須，國家養兵，費至是夫。唐困天下，適以養亂，府兵之壞，故有斯患。敝豈難革，待乎得人。且守祖宗法，失祖宗意。臣觀朝廷不恤餉所，餉所不恤州縣，州縣不恤黎庶，豈無守令，知恤吾民？水旱蠲租，亦既得請；廪軍定數，不容虧折。朝廷未肯，如數科撥，閫屯逼迫，甚於束濕，餉所僅理，不得不然。州縣往往，自悔請蠲，他日水旱，隱而不言。二税之入，盡於軍儲，州縣之間，無復贏餘。二税之外，别作名色，巧取於民，以紓事力。仁心仁聞，恭惟陛下，民不被澤，豈無其故？除授當公，竊弄當察，帥閫當選，將校當擇，教事當精，虚籍當覈，屯田當廣，民兵當習。軍費既省，州縣不迫，固爲陛下，愛養邦本。規恢之業，本立道生。饟臣司饋，敢告期門。

提典刑獄箴

亹亹真宗，仁天光被，選遣刑使，追述先帝。「四方典獄，慮有私蔽。一夫受冤，即召災沴。」真宗此心，上通于天，祈天永命，欽恤一念。列聖相繼，有加無已，宗廟再安，常必由之。俗吏舞文，以殺爲功，屬吏阿意，雷然苟同。戕天生生，戾我祖宗。亦有懦夫，務爲姑息，不問是非，罪人是出。五木笞箠，見其可憐，安知受害，尤甚此焉。長養虎狼，赤子是食。姑息之愛，自謂陰德。以是爲仁，仁之賊也。戾我祖宗，其實一也。登州獄事，安石主之；長惡惠姦，民實苦之。殺人十惡，不許案問，自首減死，天理弗順。反謂遵也，壽考康寧，子孫蕃衍，天報其仁。議國法而懷私利，有所爲則望其報。安石心術，此焉蓋暴。如得其情，哀矜勿喜，未聞不得，遽可縱之？皋陶明刑，乃可無刑，未聞模稜，獄訟可清。無赦之國，其刑必平，歲歲赦宥，何益是競？肆赦之法，以待眚災，三年一赦，義安在哉？其所赦者，眚乎災乎？民知數赦，恣爲罪辜。仁於惡人，弗仁於善，以是爲仁，違仁甚遠。盍亦反本，教化留情。明刑弼教，降典折刑，仁澤流通，民自不犯。焉用姑息，焉用苛慘？唐虞三代，豈不終復？獄臣司臬，敢告宫伯。

提舉常平義倉茶鹽箴

粲粲周禮，喪荒合言。荒如有喪，匍匐救旃。荒政十二，以聚萬民。財聚民散，聖人忍焉。凶荒賙委，乃立行人。堯水湯旱，國無捐瘠，三十年通，有九年積。鄉里委積，以恤艱阨；門關委積，以養老孤；野鄙委積，以待羈旅；山荒伊何，委積縣都〔五〕。三代之民，何其幸與！時至春秋，國無儲粻。秦糴于晉，魯糴於齊。饑而乞鄰，無備甚矣。管氏輕重，李悝平糴，糴不貴而民不散，取有餘而補不足。賈晁建議，粟溢于邊，又溢郡縣，乃賜今年，租税之半，明年下詔，遂盡除之。豈若後世，每捐舊税，姦民賄胥，以俟蠲除，良民時輸，不被恩予。壽昌常平，李悝故智。賤時貴糴，以爲農利，貴時賤糶，以濟民急。行於孝宣，罷於元帝。不念蓄積，漢亦以衰。

惟我祖宗，以民爲貴。五季括粟，不出者死，祖宗懲之，爲置常平，廣惠廣濟。三倉峙鼎，鰥寡孤獨，皆有所養。旱乾水溢，有補有常。祖宗德澤，浩浩洋洋。安石不仁，粟盡爲錢；青苗新法，民不聊生；廣惠之田，悉以徵償。三倉既壞，民轉溝壑。惟彼義倉，太祖所罷，仁宗亦罷，懼爲民擾。取民之粟，以寓於官，歲一不登，則給以還。法上五升，何翅什焉，或撻或問，可謂義乎？給散所及，市井游惰，深山長谷，力穡遠輸，饑瀕於死，不及波餘。法既太密，吏多畏法，坐視饑莩，而不肯發。新陳不易，紅腐莫食。不發於民，而私侵削，封鐍相受，類有虚籍。連坐必廣，曷敢誰執？今欲正之，勿咎既往，咸與惟新，宿弊掃蕩。臣熹社倉，可行萬邦，然亦法耳，徒法難行。六事自責，湯所以成，百姓見憂，宣王中興。貞觀之初，絹易斗米。天下帖然，謂上憐之。人人自安，靡有謗議。貞觀之後，絹易十石，百姓咸怨，謂君不恤。慘怛忠利，以不忍心；盡出内帑，行不忍政。祈天永命，陛下之仁。庾臣司賑，敢告侍禁。

都大提點坑冶鑄錢箴

浩浩九府，泉布流利。景王大錢，穆公所非。今行於世，惟泉與楮。楮有僞造，泉無盜鑄〔六〕。有利則爲，無利則止。下民之情，夫豈難知？鋌銷爲器〔七〕，利且十焉，泄漏化外，厥利伯千。民本畏法，吏實卵翼，坐收其利，導民爲賊。朝廷所少，往往在信，所少非財，當審重輕。能信賞罰，何患財乏？朝令夕改，楮遂折閱。每一令出，民料必更。賞罰積虚，號令積輕。人操造幣，銅寶毁泄，雖寘之罰，未嘗如法。姦民逆料，終必姑息，習見幸免，滋不可戢。法雖有賞，賞不時得，不以資請，吏則我格。信乎信乎，當務之急！

祖宗全盛，歲收新錢，百有五萬，歸内帑焉。以六十萬，歲畀左帑，三歲而郊，百萬佐用。是左帑歲得其百，而内帑歲得其十。版曹經費，安得不給？百姓賦斂，何慮横溢？今歲額十五萬，而封樁、内藏各受其半，左藏咸無焉，宜版曹之日困。版曹豈困其家，將困陛下之民。冶臣司鑄，敢告後乘。

都大提舉茶馬箴

鑿鑿六經，肯以欺人？「秉心塞淵，騋牝三千。」「思無邪，思馬斯徂。」自後世觀，其說若迂。六經之言，夫豈欺余？大觀川茶，不以易馬，巧市珠玉，以共王府。馬政之壞，邪思之故。心不塞淵，禍如此者！在祖宗時，馬有二等：其曰「戰馬」，西邊所生；曰「羈縻馬」，産於西南。守貳貪賞，混爲一焉。羈縻之馬，非戰馬比，綱數雖多，往往道斃。行綱卒校，竊其粟芻，卒校肥矣，馬死長途。司存之吝，價不時償，匪國是念，惟較無賞。馬之來也，舊有定價，臣私增直，惟賞是徼。臣總觴之，夷人愈驕，邀索高價，動肆詆訶。貪賞之心，是曰邪思。心不塞淵，禍乃至是。臣璘有請，載馬以舟，臣續、臣允升，傅會自謀，利夔兩路，凡十餘州，被吾三歲，乃始得休。馬斃稱是，臣璘非謀。心不塞淵，而思有邪。傷人及馬，禍至是夫。立國東南，非若西北，地不高寒，雅不宜牧。紹興置監，前事可覆。川秦互市，吾國攸恃。塞淵厥心，靡有邪思。牧臣司駿，敢告仗衛。

提舉市舶箴

炳炳祖訓，舶利最博，庶寬民力，免於椎剥。祖宗之意，蓋念民邛。宣和以來，悉歸進奉。如唐舶使，以奇器進，治亂之幾，於此乎分。高宗懲焉，歲二百萬，所謂息錢，盡歸户版。經費有裕，民不憂擾。愛民之仁，有如此者。版曹興利，如桑弘羊，令吏坐市，販物取贏，抑配天下，散粥乳香。黄谷李金，遂陷桂陽。命帥出師，乃克討平。利之所在，害亦隨之。言善理財，尚鑒兹幾。故君人者，毋曰民懦，急則生亂；毋曰民愚，窮則讎予。舶臣司纅，敢告疏附。

太子太孫師友僚屬箴

晢晢前星，爲章于天，一有元良，萬邦以貞。昔在太任，娠此文王，不視惡色，不聽淫聲，不起惡言，胎教孔詳。大師緼瑟，不正不習；大宰倚井，不正不食。太子既生，大師吹銅，聲中某律，罔敢不恭，大宰持井，滋味尚某。然後卜名，難知易諱。使士負之，見于南郊，過闕則下，過廟則趨。自爲赤子，教固已行。成王襁抱，保以召公，周公爲傅，太公爲師。孝仁禮義，以道習之。逐去邪人，不使見惡。端博孝悌，以引以翼。見皆正事，聞皆正言，左右前後，罔非正人。世子之教，三王相沿，樂以脩内，禮以治身，其成也懌，恭敬温文。

考白虎通：「八歲小學，十五大學。」成規有恪。夫將君我，而與我齒。有君父在，爲臣爲子。長幼之序，於焉以明。知爲臣子，乃可爲君；知所事人，乃能使人。承師問道，養老乞言，吾學既成，黎民化醇。和鑾以御，珮玉以行，上有雙衡，下有雙璜，衝牙玭珠，以納其間。行以采齊，趨以肆夏，周還中規，折還中矩。車象天地，以月以星，玉佩左右，中角中宫。非辟之心，何自而生？三代由此，有道之長。

秦命趙高，以傅胡亥，教之以獄，是斬是劓。今日即位，明日射人，謂忠諫者爲誹謗，謂深計者爲妖言。教儲不善，遂以亡秦。並后匹適，兩政耦國，禍亂之原，其可不塞？適與少殊，禮非虛加，由心制禮，以杜讒邪。幽惑褒姒，獻安驪姬，適意一時，遺臭萬世。漢祖親見，高殺扶蘇，欲易太子，不懲覆車。人心惟危，可不懼乎？文帝元年，有司有請，豫建國本，道貴前定。東宫師傅，不用賈生，其所用者，晁錯刻深。教景術數，迄用少恩，寬厚家法，至是斬焉。武帝之年，纔二十九，得子謂晚，喜而命賦。立博望苑，從其所好，多進異端，焉得不敗？善乎李綱，謂隋文曰：「此陛下之過，非太子之罪。」

於赫祖宗，建儲必蚤，訓儲必擇，後聖視效。仁宗春秋，僅四十四，藐一博士，而獻大計：「帝儲兹事，不可令婦人知，中書行之，無不當矣。」高宗妙齡，甫二十三，有臣時雨，布衣建論。帝笑唐宣，議儲輒怒，聖斷度越，漢唐所無。二十有五定大議，二十有九封建公，贊讀命震，翊善命沖。保傅如此，成我孝宗。太宗聖訓：「悉擇良善，至於臺隸，亦朕自選。姦憸巧佞，必斥必捐。」「事或未當〔八〕，必也力言。毋或因循，順從厥愆。」臣坦直諫，帝不信讒。準於是時，空臆以陳：「勿謀婦人，勿謀貂璫，勿謀近臣，惟擇民望。」豈如管仲，相齊桓威公〔九〕，汲汲功利，富國强兵。溺於所愛，謂不害伯，嗣子不定，卒基大禍。宫臣司本，敢告洗馬。

校勘記

〔一〕毋惡儳言　「惡」字文淵閣四庫本作「懟」。

〔二〕比及一年　「及」字原作「後」，據文淵閣四庫本改。

〔三〕使用許之　「使用」，據文意，當作「使相」。

〔四〕趣辦州縣　「辦」字原作「便」，據文淵閣四庫本改。

〔五〕山荒伊何委積縣都　按據周禮地官遺人「縣都之委積，以待凶荒」，疑「山」爲「凶」之訛。

〔六〕泉無盗鑄　「泉」原作「錢」，據文淵閣四庫本改。

〔七〕鉌銷爲器　「鉌」原作「錢」，據文淵閣四庫本改。

〔八〕事或未當　「事」字原作「是」，據文淵閣四庫本、續資治通鑑長編卷三八至道元年八月癸巳條改。

〔九〕相齊桓威公　「威」字原闕，據文淵閣四庫本補。

附録一　先天集所附宋運幹山屋先生行狀

公諱月卿，字太空，後字宋士，時人稱之曰山屋先生，小名千里駒，字駒父。其先姜姓，炎帝神農之世也。周武王封伯夷裔孫文叔於許，子孫以國爲氏。自容城徙冀州高陽北新城，遂以高陽爲望。秦末許猗隱居不仕，雲孫毗爲漢侍中，生德，汝南太守，因官寓家。德生據，典農校尉。據生允，魏鎮北將軍，少子猛爲幽州刺史。猛生式，至平原太守。式生販，晉司徒掾，子詢。凡十世至遠，守睢陽，唐天寶之亂，與張巡死節。生二子，玫，婺州司馬；現，袁州刺史。其孫儒，不義朱梁，與知柔入江南。儒生稠，仕南唐。知柔檢校吏部尚書兼御史中丞，子承傑檢校國子祭酒兼御史大夫，番陽明口許氏其後也。迨江衢府君贇歙之婺源，遂爲縣人，於公爲遠祖。曾祖父諱安國，字獻忠；祖父琳，字元美，皆邑之善士。考諱大寧，字寧之，以學問見知於鶴山先生魏文靖公。文靖以「友仁」扁其堂，是爲友仁先生。嘉定丙子三月庚辰，先是夕，友仁先生夢使者介冑立廳事，一羽衣擁嬰兒授使者，使善護之，詰旦而公生，常言前身道士劉自明，蓋有感也。

公幼而穎異，七歲能屬文，友仁先生撫而訓之曰：「『段秀實笏擊朱泚，顔杲卿面折禄山，惟爾英烈，追配古人』，此高宗皇帝追賁李若水辭也，小子識之。」年十五，從介軒先生董公夢程游。董公者，子朱子門人正思先生程公之高弟也。明年以書學應科舉，居次榜之首。公慨然嘆曰：「是吾學之未至。」歸而登邑之巘崌山，閉户讀書，益勵志焉。端平乙未，縣大夫王塤行鄉飲酒，謂公天下奇男子也，俾受學文靖公子魏子。公往卒業，遂有志於當世事功。絶江適淮，時趙公葵開閫江北，一見驚異，羅致幕中。既而以軍功補進武校尉，赴江東漕。是歲，嘉熙庚子也。詔罷鶡弁，就舉制，遂以試流寓，以易學魁江東。淳祐癸卯，客左史吕午家，載試於漕，復爲舉首。明年試省別院，主文中書侍郎韓祥謂公策「真天下措置大事者，宜置首選」。邑人太常博士吴遇龍疑其爲公文也，避嫌屈置第二。將廷對，左史言：「王俠言時事必中，請往候之。」王俠者，吴越之俠客也，家無擔石之儲，而百金可立致，復揮之如土。先是，餘杭失火，比及左史氏。左史未退朝，有爲全其家既而(歸)〔去〕之者。左史德之，未知其人。居久之，然後知其爲王俠也。公造俠，俠笑曰：「子亦來見我乎？抑左史之饒舌乎？吾視子之才，足爲天下先。爲子計，寧逆驪龍之鱗，毋拂豺狼之性。」豺狼，蓋指權相史嵩之而言也。公佛然而起曰：「吾寧殿多士！專攻上身，吾所不爲。吾必言天下所不敢言者。」既而策題有「始憂勤，終逸樂」之問，公對言：「臣聞文、武有憂勤，而無逸樂。進逸樂之説者趙高，高拱深居之謀，此秦所繇亡也。逸樂無度，則君人者失權，若太阿之倒持，而授人以柄。雖欲勿傷，焉得而不傷？書曰『一日二日萬機，文王日中昃，不遑暇食』，豈逸樂之謂哉？」竟以觸時相見抑。有旨升甲，賜進士及第，授濠州司户參軍。時徐公元傑與劉漢弼等言權相，寃死，公率三學諸生伏闕訟之，言至激切，理宗目以狂士。歲丁未，及代，兼領本州教授，攝知録參軍。吕文德以保康軍承宣使、沿江制置副使知濠州，辟公招撫司從事，發運司亦聘入幕，至此有勞。

尋丁友仁先生憂歸。服闋，還臨安府學教授，陞黜必當士論，數上書言事。丞相謝方叔有不才子，淆亂朝綱，京師目之爲「小相」。嘗使招公曰：「吾幸讀子之文，服子之義久矣。子來，吾能使吾君相以史館、拾遺之職居子。」若此者凡十告而公不往。時余玠子如孫帥蜀，貪殘廢法，而軍民潰亂。公因上言謂：「玠無義方，死有遺辜。乞斬如孫，(亟)〔函〕首謝蜀。其所盜財，以給軍士。如此，則朝廷不失政刑與，大臣之子弟專權亂政者，必聳然知懼矣。」書上，小相怒，諷臺臣擊之，因失職。謀去，丞相免，董公槐爲相，言之理宗，特創員外闕，留置京師從事，以寵嘉之。時丁大全居政府，公固辭不就，蓋公屢上書詆之也。寶祐乙卯，槐更奏公入江西庾幕，尋改幹辦本道提舉常平公事，待次六年不就，使者史繩祖屢書起之。既至，遇富貴黄萬石有獄，賂使者左右，枉其事，公争之，賄以不行。於是下不受屈，勢家訖無犯法者，江右因號公爲「鐵符」。尋攝提舉事，政尚廉平，多所平反，屬郡有獄，載逾年不決者，公令郡縣以其獄上，皆一旦遣之，民以不冤。先是南州之俗，上元競燈，歲郡縣費不可計，公謂：「作無益，害有益。」悉禁止之。

及古心先生江公之執政也，數薦之朝，而憾己者當路，竟補承直郎、幹辦浙西安撫司公事，不就。時賈似道平章軍國重事，權侔人主，至是屢書起之。比至，似道憾相見之晚，以公試館職，與黄鏞偕召。公言朝政失人心者三事，并誦林實夫所爲餞公序。實夫者，南州之高士也，隱居不仕，見似道之專政，宋祚之將絶也，故其序有曰：「孔子居上貴寬，寬非懈緩縱弛之謂也。宰天下者，其量要足以容天下而後可。非得廣心彌性之士，日相與居，必將環視四顧，動與物敵，且以胥戕爲能事矣。推原其故，則亦求賢之誠不至，反以自病也。今相君汲汲焉求先生如是，則如前所慮，斷可無矣；而區區猶願一言：近世一種小夫，以娼嫉爲納忠，以隔絶爲自獻，附耳而啟有同告密，畫界而立有似法壇，盡絶一世公議於鈞陶之外，獨以左右便嬖爲腹心耳目，察之不審，一惑其言，則吾之自處日狹，志趣日陋，常恐諸侯客子之來，盻盻然慮其軋己也。是雖有周公之才之美，且無足觀。積中書二十有四考，吾亦何樂於此哉！相君心廣體胖，天下擊壤鼓腹矣，不然其細已甚，民何以堪！有如此意，皎然甚明，發揚蹈厲，歷歷爲相君言之，非先生誰？忠於知己，孰大於是？考亭夫子有言：『吾輩與百萬生靈，盡在此破漏船上，但唤得一副手梢公，不致失墜，其益非小。』抑吾言多忤，必先生然後能爲吾致之。」似道佯唯唯，未幾以陳宜中易公召，并浙西職罷去。公行且嘆曰：「已矣，彼人哉！」遂去之，買田宅於姑蘇。既而悉散之曰：「吾聞『河潤九里，漸汝百步』，是將爲解甲休兵之地矣。」乃步歸故里，杜門著書，號泉田子。游從者屨滿門外，當時翕然師尊之。始徐公元傑之遇害也，朝廷以京秩官其子直諒，仕至顯官，次直方不受。德祐乙亥，起家亟遷至殿院，首薦疊山先生謝公爲江東提刑，再薦公與劉辰翁皆有將相才，宜膺重寄。

朝廷方議以公開閫東南，未幾官軍下新安，明年下錢塘，公深居一室，但書「范粲寢所乘車」數字，於是不言五年矣。又如是而卒，蓋至元二十二年乙酉歲十一月也，享年七十，終正寢。先一夕，畢召家人曰：「吾將逝矣，必殮我以集英殿所賜袍笏，庶幾可見先帝於地下。」又命其婿江愷曰：「死矣，履善甫得其所矣，不可復作矣。謝君直與予皆不苟合於世者矣，是嘗顧比於予，疊山先生嘗書其門曰，『要看今日謝枋得，便是當年許月卿』云。是深知予者也。吾死，子盍於是而銘我焉。」翌日，夙興盥漱，深衣危坐，笑語如平日，薄暮灑然而化。四方之士聞者相吊，來臨其喪，爲詩文哭之者，蓋數郡縣。

公踈髯玉貌，秀目豐頤，舉止閑雅，望之似神仙中人。每夕令家僮候月出還報，徘徊清嘯，竟夜不寐，當時謂之「再生子瞻」。其所著述，累十餘萬言，時時爲人取去，其僅存者十二三。先是，常州教授李夢科，刻之毗陵郡庠，彭福龍刻之廬陵，皆公門人也。其刊於家塾者，如毗陵本。從孫汻復增益於散失之後，今其本存焉。公家藏古書亦十餘萬卷，一顧率終身不忘。嘗與友生游僧舍，方曝佛書，使生觀之曰：「法華經也。」公因記憶，嘗觀是經於徑山，既三十年矣，因背誦之，不遺一字。其爲詩文，未嘗經思，如長江大河，出入霄漢，不可測度也。初公深見知於理宗，將不次任之，爲權臣所沮。公於是著百官箴，凡萬六千餘言。比進，會理宗棄群臣而尼，古心先生見之，嘆曰：「確乎有經世之實，人主當置一通於座右。」履齋吴公亦言：「公在熙豐不黨於熙豐，在元祐不黨於元祐者也。」董公槐、蔡公（抗）〔杭〕皆誡公以和平，勿過剛。公曰：「大臣宰相以此取士，特未之思耳。夫和平以從我，豈不和平以從人？勿過剛以順我，亦豈不能勿過剛以順人？靖康士大夫率由此道。許某只是一許某，決不能枉道以事人也。」

公始受學於董公，去事子魏子。子魏子爲世儒宗，當時登其門者，謂之「登天」。公受學有繇，學道有得，是以身益困而志益堅，志益堅而道益明，大節卓乎其不渝也！

夫人安定程氏，生二男，茂，登仕郎，薰，進武校尉，皆早世；女五人；夫人先公没。

晚生二男，翼、飛，女二人，其母方氏。孫男四人，文相、文晏、文侍、文任，孫女六人，曾孫三人。以至元二十四年丁亥歲十有一月，葬公於婺源西七十里之仁洪，與程夫人墓相望五里。

先是，愷受公遺命，乞銘爲狀，未定，而疊山先生北行，不辱而死矣。嗚呼！既葬矣，日月逾邁，事未易成，而愷亦垂老。於是謹更狀公行，將以求文於當世之立言君子名能文於天下者。延祐元年十月日季子飛狀。

附録二　諸家題跋

范邦甸天一閣書目卷二

百官箴六卷，刊本。宋許（事）〔月〕卿撰。明嘉靖乙未國子監祭酒上海陸深序云：「百官有箴備於漢，此則宋儒山屋許先生所撰次也。中丞新安潘公方塘撫蜀之明年，重鋟於行臺，深適吏蜀，公命序之。按，山屋名（事）〔月〕卿，理宗朝進士及第，家星源許村，蓋公之鄉人也。聞宋亡時，南士有卧一車中五年不言者，心甚偉之，而未知即山屋。今讀其遺文，又知講學於鶴山魏文靖公，得朱子之傳。新安爲文公闕里，則山屋固朱子之鄉人也。平生著甚多，此箴或其集中之一類爾。凡四十有九，而名之曰『百』，顧其制盡宋官，言多宋事，特一代之書。其有合於今者，則經筵、翰苑、御史之臣、尚書六部、太常、大理、國監、登聞，攬厥名義，殷鑒存焉。」

文淵閣四庫全書本書前提要

臣等謹案：百官箴六卷，宋許月卿撰。月卿字太空，後更字宋士，婺源人。始以軍功補校尉，理宗時换文資就舉，以易魁江東。廷對，賜進士及第，官至浙江西運幹。賈似道當國，召試館職，語不合，罷去。閉門著書，自號泉田子。宋亡不仕，遁跡十年乃卒，亦志節之士也。是書仿揚雄官箴，分曹列職，各申規戒。考宋史百官志，經筵乃言路兼官；二府掾乃樞密、中書屬吏；參知政事以門下、中書侍郎爲之；登聞院隸諫議，進奏院隸給事中，俱轄於門下者；軍器監、文思院俱轄於工部，是書皆各自爲箴。蓋以所掌之事區分，故既列本職又及其兼官，既列總司又及其所分掌，非複出也。又考永樂大典所載宋何異中興百官題名，雖殘闕不完，而所標官署職掌與此書頗有異同。蓋自元豐變制以後，品目至爲淆雜；南渡以後，分析併省，益以靡恒。此書據一時之制言之，故互有出入也。前有月卿進表，稱百官箴併發凡言例共七秩，而今止六卷。校以次第，實無遺漏，殆原本凡例自爲一卷，傳録者合併之歟？虞人之箴，遠見左傳；繩闕匡違，其風自古。月卿效法其體，雖申職守，僅託空言，而具列官邪，風戒有位，指陳善敗，觸目警心，亦未嘗無百一之裨焉。

乾隆四十二年八月恭校上。

總纂官臣紀昀、臣陸錫熊、臣孫士毅，總校官臣陸費墀。

新安許氏先集本百官箴所附許同莘跋

山屋先生百官箴六卷，其傳刻源流具於吕柟序中。嘉靖十三年，婺源潘滋重刻於蜀。今舊刻本不傳，而潘本猶著録丁氏善本書目。丁氏書見存於江南圖書館，字畫端好，以校文津閣鈔本，頗有異同。如用韻篇引毛穎傳條下，潘本多「後漢書『芳乎！汝少孤，女逸女豫，不汝疵瑕。今汝之適人，將事舅姑』」（整理者按：「芳乎」以下出自晉書卷八八庾衮傳，非後漢書）二十五字，而閣本無之。疑館臣校上時嫌其不類，特爲删削。然此外字句微異處尚多，豈四庫所據即舊刻本歟？今以閣本爲主，其譌奪處依潘本校補，庶復舊觀。

宋自南渡以後，記載放失，此書財賦諸箴述當日贏絀之故，足補宋史食貨志、馬氏征榷考所不及。用韻一篇，旁證經史，謂古音四聲通用，有自然而無叶韻，可正吴才老叶韻補音之誤。亭林音學五書，經生推爲絶詣，豈知三百年前先生已發其奥窔哉！

壬戌十月，宗後學同莘跋。

丁丙善本書室藏書志卷一三

山屋百官箴六卷，明刊本。門人李夢科編次，裔孫許汴、許鑰校正。

宋許月卿撰。月卿字太空，更字宋士，婺源人。理宗朝進士，歷承直郎、浙西運幹。賈似道當國，試館職，言不合罷去，閉門著書，號泉田子。宋亡，卧一車中，十年不出而卒。是書卷一月卿自撰進百官箴表文、序文及百官箴次第，謂：「大衍之數五十，其用四十有九，虚一者，太極也。中庸曰：『所以行之者一也。』四十九箴，非此一孰行之？一者何真實無妄也，所謂誠也，所謂太極也，所謂道心也。」卷二百官箴緣起，次指歸，次施用，次用韻，次諱例。卷三至卷六自左丞相至太子太孫師友僚屬，凡四十九箴。明嘉靖乙未，新安潘滋撫蜀重鋟，並爲後序。上海陸深時爲蜀吏，更序之。越三年乙酉，高陵吕柟又序。

傅增湘藏園訂補郘亭知見傳本書目卷六史部十二

百官箴六卷。宋許月卿撰。○天一閣有刻本，六卷。

〔補〕百官箴六卷。宋許月卿撰。○曾見一嘉靖殘本，九行十八字，失序跋，未審即天一閣本否。○余有清鈔本，庚戌九月得之柳蓉村手，鈐「輔清」二字印。○民國十一年無錫許氏簡素堂刊本，收入新安許氏先集中。

中國史學基本典籍叢刊　書目

穆天子傳匯校集釋
國語集解
國語彙校集注
吴越春秋輯校彙考
越絶書校釋
西漢年紀
兩漢紀
漢官六種
東觀漢記校注
校補襄陽耆舊記（附南雍州記）
十六國春秋輯補
洛陽伽藍記校箋
建康實録
荆楚歲時記
大唐創業起居注箋證（附壺關録）
貞觀政要集校（修訂本）
唐六典
蠻書校注
十國春秋
皇朝編年綱目備要
皇宋十朝綱要校正
隆平集校證
宋史全文
宋太宗皇帝實録校注
金石録校證
丁未録輯考
靖康稗史箋證
中興遺史輯校
鄂國金佗稡編續編校注
皇宋中興兩朝聖政輯校
中興兩朝編年綱目
續宋中興編年資治通鑑

續編兩朝綱目備要
宋季三朝政要箋證
宋代官箴書五種
契丹國志
西夏書校補
大金弔伐録校補
大金國志校證
聖武親征録（新校本）
黑韃事略校注
元朝名臣事略
明本紀校注
皇明通紀
明季北略
明季南略
國初群雄事略
三朝遼事實録
小腆紀年附考
小腆紀傳
史略校箋
廿二史劄記校證
通鑑地理通釋